Angela Leinen

Wie man den Bachmannpreis gewinnt

Gebrauchsanweisung zum Lesen und Schreiben

WILHELM HEYNE VERLAG
MÜNCHEN

FSC
Mix
Produktgruppe aus vorbildlich
bewirtschafteten Wäldern und
anderen kontrollierten Herkünften
Zert.-Nr. GFA-COC-1223
www.fsc.org
© 1996 Forest Stewardship Council

Verlagsgruppe Random House FSC-DEU-0100
Das FSC-zertifizierte Papier *Munken Pocket*
für dieses Buch liefert
Arctic Paper Munkedals AB, Schweden.

© Hans Schafgans

Angela Leinen, geboren 1968, lebt als Anwältin, Mediatorin und Journalistin in Bonn. Mit dem Wettlesen in Klagenfurt beschäftigt sie sich seit 2004 und schreibt darüber in ihrem Weblog »Sopran« (http://sopranisse.de) und im Gemeinschaftsweblog »Lesemaschine« (http://lesemaschine.de).

Inhalt

Die Vermessung der Literatur

Vorwort von Kathrin Passig

Die Menschheit ist eine mess- und nachzählfreudige Spezies. Alle fünf Minuten erfindet sie ein neues Verfahren, mit dem sich feststellen lässt, dass A der bessere Bergsteiger ist als B, das Kind von C sich schneller entwickelt als das Kind von D, während E mehr Facebook-Freunde hat als F, kurz, dass Person X – nennen wir sie mal »ich« – insgesamt einfach großartiger ist als Person Y, nennen wir sie »du«. Das geht ganz leicht, wenn man das zu Messende geschickt ausgewählt hat, zum Beispiel aufgrund seiner leichten Messbarkeit. Am einfachsten hat man es bei Sportarten, bei denen es ausschließlich darum geht, wie schnell jemand laufen kann. Vermutlich entsteht hier zuerst das Messverfahren und dann der Sport drum herum. Schwieriger wird es bei subjektiv bewerteten Beschäftigungen wie dem Eiskunstlaufen, wo Preisrichter ihre Meinung zu »Stil und Individualität« äußern müssen. Aber immerhin gibt es das ausführlich dokumentierte »Wertungssystem für Eiskunstlauf und Eistanzen« der Internationalen Eislauf-Union. Viele andere Bereiche, darunter Wissenschaft und Literatur, müssen ohne ein solches System auskommen und damit auch ohne Punktabzüge für »Illegale Elemente«, »Verletzung der Kostümregeln« oder »Verwendung von Vokalmusik«. Vielleicht ist das passende Regelwerk auch nur noch nicht erfunden. Mit den derzeit verfügbaren Werkzeugen jedenfalls ist die Vermessung der Literatur ein schwieriges und unpräzises Geschäft. Es hilft aber nichts, sie muss trotzdem vorgenommen werden, denn wir wollen gern wissen, ob Buch A besser als Buch B und Autor C wichtiger als Autor D ist. Erstens möchten wir nicht, dass die Mitmenschen lachen, wenn sie unsere Bücherregale sehen. Wenn aber Autoritäten unsere Entscheidungen abgesegnet haben – ob das nun Max Goldt ist, Marcel Reich-Ranicki oder der Internationale Verband der Katzenbildbandkritiker –, dann soll sich erst mal jemand trauen zu lachen. Zweitens macht uns das, was Autoritäten gutheißen, tatsächlich mehr (messbare) Freude, wie diverse Studien über Weingenuss und Essvorlieben zeigen. Praktischerweise findet man auf den Außenseiten der meisten Bücher gleich mehrere dieser nützlichen Urteile vor.

Zu welchem Messwerkzeug soll man also greifen, wenn es um Literatur geht? Verkaufszahlen lassen sich angenehm eindeutig ermitteln. Unpraktischerweise messen sie aber nicht die Qualität des Buchs, sondern die Qualität der Werbung. In dem Moment, in dem er ein Buch kauft, weiß der Käufer noch nicht, wie zufrieden er mit dem Inhalt sein wird. Die Werbeschwerpunkte müssen in der Regel beschlossen werden, bevor dem Verlag die fertigen Buchmanuskripte vorliegen; auch im Verlag gibt es also keinen unmittelbaren Zusammenhang zwischen Buchqualität und Marketinganstrengungen. Wenn ein Buch neu erscheint, kann man es schlecht mit »Über zwei Millionen verkaufte

Auflage« bewerben. Und zumindest im Bereich der Literaturliteratur gelten Verkaufszahlen auch als leicht anstößige Metrik. Wer viel verkauft, gerät in den Verdacht, sich allzu willig an den schlichten Geschmack des Pöbels anzuschmiegen. Hilfreich wäre es daher, man könnte statt der Qualität des Buchs die des Autors herausfinden, um sie dann einfach auf dessen neuen Büchern zu vermerken.

Hier kommt der Literaturpreis ins Spiel oder noch besser: die Menge der Literaturpreise und Stipendien. Allerdings geht in den Köpfen von Juroren und Stipendiumsverleihern häufig dasselbe vor wie in den Köpfen anderer Menschen. Sie haben nicht unbegrenzt Zeit zum Lesen, sie wollen mit ihrer Meinung nicht ausgelacht werden und sie sichern sich gerne gegen den Vorwurf ab, man habe ja wohl den Falschen prämiert. Als das Weblog Riesenmaschine den Erik-Reger-Förderpreis der Zukunftsinitiative Rheinland-Pfalz verliehen bekam, hieß es als Begründung unter anderem, das Blog habe ja auch schon andere Preise bekommen und sei deshalb bestimmt kein unwürdiger Preisempfänger.

»Die besten Jurys sind die, deren Juroren sich untereinander nicht ausstehen können«, sagt der juryerfahrene Kritiker Thomas Wörtche. Leicht beeinflussen Lesefaulheit, Vetternwirtschaft, politische Abwägungen oder ungeeignete Regelwerke das Ergebnis. Beim Deutschen Krimi Preis etwa gibt es keine gemeinsame Basis an Büchern, die alle Juroren gelesen haben. Jeder Juror nominiert eine Auswahl aus den Neuerscheinungen, die ihm im Lauf des Jahres untergekommen sind. Gewinnen können nur Bücher, die von vielen Juroren überhaupt gelesen wurden; die Überschneidungen zwischen den gesichteten Buchmengen sind aber gering. Bücher von neuen und wenig bekannten Autoren haben daher rein technisch kaum Chancen, von genügend Jurymitgliedern überhaupt wahrgenommen und in der Folge nominiert zu werden.

Natürlich sind auch die Klagenfurter »Tage der deutschsprachigen Literatur«, um die es in diesem Buch gehen wird, nicht frei von Problemen. Schon in die Nominierung der Teilnehmer fließen allerlei Zufalls- und Gewichtungsfaktoren ein, Österreich, die Schweiz, die Frauen und die Männer sollen angemessen repräsentiert sein, und auch Juroren nehmen bei der Auswahl gern Abkürzungen. Jeder Juror nominiert zwei Kandidaten, und der Anstand gebietet ihm, diese Kandidaten zu verteidigen, auch wenn er später feststellen sollte, dass andere Juroren bessere Texte an Land gezogen haben. In der Endrunde kann es dann dazu kommen, dass der Juror – ähnlich wie beim Mensch ärgere dich nicht – einen seiner beiden Autoren fallen lassen muss, um so wenigstens den anderen vielleicht ins Ziel zu befördern. Und es geschieht immer wieder, dass ein Autor, der von der Jurymehrheit gelobt wurde, in jeder Runde nominiert wird und am Ende aus abstimmungstechnischen Gründen ohne Preis nach Hause geht. Die Leseplätze gegen Ende des mehrtägigen »Bewerbs« gelten als vorteilhaft, und Erkenntnisse aus der Weinverkostungsforschung sprechen dafür, dass es sich dabei nicht nur um eine Legende handelt: Weinkenner neigen dazu, Weine, die man ihnen gegen Ende eines Testfelds vorsetzt, positiver zu bewerten als dieselben Weine, wenn sie früher gereicht werden. Zu guter Letzt sind auch Juroren nicht immun gegen Gruppendruck und lassen sich in ihrem Abstimmverhalten nicht nur von der Textqualität, sondern auch von strategischen Überlegungen leiten.

Das klingt nach einem Sack voller Probleme. Tatsächlich aber herrschen im Klagenfurter Wettbewerb vermutlich etwas weniger Willkür, Mauschelei und Fahrlässigkeit als anderswo. Klagenfurt macht seine Fehler nur sichtbarer. Die öffentliche Einsehbarkeit der Texte und die Transparenz der Diskussion führen dazu, dass jeder Journalist und jeder Zuschauer sich vor Ort, im Fernsehen oder im Internet selbst eine Meinung über die Juryentscheidung bilden kann. Dieser Transparenz- und Offenheitsanspruch prägt die Veranstaltung auch vor Ort. Jeder, der sich für das merkwürdige Ding Literatur interessiert, ist willkommen und darf ohne weitere Fragen bei der Entscheidungsfindung zusehen und die dazugehörigen Buffets leer essen.

In Klagenfurt wird Literatur ernst genommen. Das ist unüblich – es geschieht nur selten in Interviews mit Autoren oder Buchrezensionen und praktisch nie im Werbematerial der Verlage. Es ist ja auch nicht leicht, Literatur ernst zu nehmen. Andere Menschen entwickeln Raumsonden und bauen Gartenschuppen, während sich Autor und Kritiker mit erfundenen Geschichten befassen. Kurt Vonnegut sagte über Literaturkritiker, die Zorn und Verachtung über einen Roman ausgießen, sie seien »wie jemand, der eine Rüstung anlegt und auf einen Eisbecher mit Karamellsauce losgeht«. Andererseits fallen Gartenschuppen und Raumsonden schon nach wenigen Jahren in Stücke, eine gute Metapher dagegen hält ewig. Vielleicht trauen wir der Literatur nur nicht genug zu.

Literatur ernst nehmen heißt jedenfalls, dass man sich im Umgang mit ihr nicht auf reine Werbemaßnahmen beschränken darf. Wer einen Text vollständig oder im Detail missraten findet, muss dieses Unbehagen äußern. Das ist für Buchrezensenten einfacher als für Juroren, die dem Autor dabei in die Augen sehen müssen. »Ich habe es nicht als meine Aufgabe im Leben gesehen, Autoren zum Weinen zu bringen«, begründete Heinrich Detering, Klagenfurtjuror von 2004 bis 2006, seinen Ausstieg. Es gehört Mut dazu, die eingereichten Texte und die Diskussion darüber transparent zu machen. Dabei bleibt einerseits sicher aus Gründen der Höflichkeit und Vorsicht manches ungesagt, was in einer geschlossenen Jurysitzung geäußert würde, andererseits kann der einzelne Juror seine Stimme nicht in der Masse verstecken und hinterher zum Autor sagen: »Schade, dass es nicht geklappt hat, ich habe mich sehr für Ihren Text eingesetzt.« Dass jeder Interessierte Einblick in die Entscheidungsfindung erhält, führt dazu, dass über Klagenfurt Jahr für Jahr erheblich grimmiger als über andere Literaturveranstaltungen berichtet wird.

Nicht ganz zu Unrecht, denn eine Veranstaltung, die Literatur und Literaturkritik ernst nimmt, macht eben auch deren Schwächen sichtbar. Wir wünschen uns seriöse Autoritäten, die Urteile wie Donnerhall sprechen. Stattdessen bekommen wir zweifelhaft gekleidete Personen, die den Rest des Jahres womöglich gar keine richtigen Berufe ausüben, herzlos mit den Autoren umspringen und wirre Argumente garniert mit privaten Geschmacksäußerungen vortragen. In Abwandlung des Bismarck-Zitats über Würste und Gesetze: »Je weniger die Leute wissen, wie Ur-

12

teile über Literatur gemacht werden, desto besser schlafen sie.«

In Wirklichkeit sind es natürlich Literaturkritiker von mindestens handelsüblicher und oft überdurchschnittlicher Qualifikation, die in Klagenfurt auf der Bühne sitzen und schließlich per Abstimmung zu einem Urteil über einen Text gelangen. Dass der Vorgang als Messverfahren weitgehend untauglich ist, hat nichts mit der Auswahl der Kritiker zu tun. Unabhängig von der Zusammensetzung der Jury werden die Siegertexte den Literatur-Endkunden nicht mehr Freude bereiten als die leer ausgegangenen Texte oder die der gar nicht erst eingeladenen Autoren. Genauso wenig sagt der per Onlineabstimmung vergebene Publikumspreis über das zu erwartende Lesevergnügen aus. Seit seiner Einführung 2002 wurde er immer an den Teilnehmer mit den meisten netzaffinen Freunden vergeben. Wer das ist, lässt sich bereits im Vorfeld relativ leicht bestimmen, unter anderem anhand der Google-Treffer des Autors.

Es geht in Klagenfurt nicht um die Frage, ob der Text von Autor A den Lesern im Schnitt mehr Freude bereiten wird als der Text von Autor B. Ginge es um das Lesevergnügen, bräuchten wir die Literatur nicht vom Angeseheneren zum weniger Angesehenen zu ordnen. Wir könnten uns einfach damit zufriedengeben, Bücher zu lesen, die zu unseren privaten Geschmacksurteilen passen. Es gibt mittlerweile brauchbare Empfehlungsdienste à la »Nutzer mit einem ähnlichen Geschmack wie dem Ihren mochten auch folgende Bücher«, deren Verlässlichkeit in den kommenden Jahren weiter zunehmen wird. Mittelfristig werden sie den kaufempfehlenden Zweig der Literaturkritik überflüssig machen.

Der Klagenfurter Bewerb ist kein Messinstrument, sondern ein geschickt getarntes U-Boot. Er täuscht die äußeren Merkmale einer objektiven Sortiertätigkeit vor, aber das geschieht nur zur Unterhaltung des Zuschauers. Nebenbei erleichtert es die Aufgabe der Medienberichterstatter, die Nachzählbares, in Tabellenform Darstellbares und Bilder blumenstraußschwenkender Sieger zu schätzen wissen. Aber wie bei »Deutschland sucht den Superstar« ist es natürlich der Vorgang, der zählt, und nicht das Ergebnis. Der unbestritten hohe Anteil entsetzlicher Texte ist deshalb auch keine Schwachstelle des Systems, sondern eins seiner vergnüglichsten und diskussionsbeförderndsten Elemente. Die »Tage der deutschsprachigen Literatur« sind nicht dazu da, dem Zuschauer Kauf- und Leseempfehlungen an die Hand zu geben. Sie dienen der Verständigung über das, was wir uns von Texten, Autoren und Kritikern erwarten. Und diese Aufgabe erfüllen sie besser als jedes andere Format. Diese fehleranfällige, alberne, tapfere, manchmal fruchtbare und regelmäßig scheiternde Auseinandersetzung mit Texten ist die beste Literaturkritik, die wir haben.

Literaturkritik für alle!

Liebe Leserin und lieber Leser!

> … zur Bewertung von Literatur muss man keine
> Ahnung haben von gar nichts, es braucht nichts,
> nur Sprachgefühl und Menschenkenntnis, daraus
> wird Literaturkritik genauso wie Literatur gemacht,
> alles andere ist sekundär, und Tonnen von Spezial-
> wissen können herrlich sein und Ödnis pur …
>
> Rainald Goetz, *Loslabern*

Wie man den Bachmannpreis gewinnt ist ein Buch für Leser.
Es markiert leicht erkennbare Anzeichen für gute und
schlechte Texte und zeigt, was passiert, wenn ein bestimmter Text auf einen bestimmten Leser trifft. »Ein Buch ist erst
dann fertig, wenn es auch gelesen wird«, schrieb der Schweizer Autor Hermann Burger, der seine Leser außerordentlich
ernst nahm. Er stellte sich beim Schreiben einen idealisier-
ten Leser, einen »I-Leser« vor, der ihm schon beim Schreiben seine Meinung sage: »Der I-Leser ist die Vorhut der Le-
serschaft. Er vertritt ihre Rechte.« Ein Text wird erst beim
Leser fertig, der Leser fügt seinen Teil hinzu – wenn der
Autor ihn lässt.

Wie man den Bachmannpreis gewinnt formuliert konkret die Einwände, die so ein idealisierter Leser dem Autor ins Werk quatschen könnte. Es soll Lesern helfen, die Schurken dingfest zu machen, die ihnen den Spaß an einem Buch vergällen. Dann fallen sie beim nächsten Mal vielleicht nicht mehr auf sie herein und erkennen schneller die Bücher, die echte Freude bringen. Jeder, der liest, kann auch Bücher beurteilen.

Niemand sollte ein Buch lesen, nur weil es ihm als hochwertig verkauft oder – schlimmer – geschenkt wurde. Viele werden das kennen: Da wird man von einem guten Freund gefragt, wie einem denn nun diese oder jene liebevoll ausgesuchte Schwarte gefallen habe. »*Mich* hat es sehr berührt«, kann es da heißen, oder noch schlimmer: »Das müsste dir doch gefallen«, und man selber verweist mit rotem Kopf auf fehlende Zeit, »im nächsten Urlaub vielleicht …« Dabei hat man den Schinken nach den ersten fünf Seiten angeödet weggelegt. Ehrlichkeit ist nicht immer das Beste, das merkt man im umgekehrten Fall: »Ich hab das Buch meinem kleinen Bruder gegeben, der liest so was eher«, so etwas nagt an einem. Als müsste man sich für seinen Geschmack schämen. Aber warum sollten Texte von lebenden Autoren, in denen menschenähnliche Figuren vorkommen, uns nicht auch einfach sympathisch oder unsympathisch sein? Selbst wenn man sich im Bereich »gute Literatur« bedient hat, wird es das für jeden passende Buch genauso wenig geben wie das zu jedem Körpergeruch passende Parfüm. Teuerste Duftwässer können Pestgeruch oder sanfter Hauch sein, je nach Nase, je nach Benutzer. Auch anerkannt meisterhafte Werke fesseln den einen Leser und vergrätzen den nächsten.

Also alles nur Geschmackssache? Nein, auf keinen Fall! Denn es gibt Fehler, die unnötig viele Leser verprellen, solche, die selbst gutwillige, interessierte Leser vor den Kopf stoßen. Es würde nämlich oft schon genügen, wenn Autoren nicht immer dieselben Dinge falsch machten. Fehler, das muss man leider sagen, sind viel leichter zu entdecken und zu erklären als die Ursachen für Gelingen. Deshalb markiert dieses Buch vor allem bekannte Gefahrenstellen und zeigt, wie sich Unfälle auf den Lesegenuss auswirken. Manchmal fängt das Unheil schon bei der Wahl des Themas an, deshalb beginnt das Buch damit.

Wie man den Bachmannpreis gewinnt ist auch ein Buch für Autoren. Für solche Autoren, die sich dafür interessieren, was ihre Leser sich wünschen. Kein Autor muss für irgendwelche Menschen schreiben, jeder kann schreiben, was und wie er will. Drollige Katzengeschichten aus der Wohngemeinschaft, erschütternde Berichte von Kreuzbandoperationen, die große finale Abrechnung mit der fiesen Lisa von nebenan … Der Autor darf Texte ohne Sätze verfassen, Wörter mit dem Zufallsgenerator mischen, 100 000-mal »ich« schreiben. Er sollte nur nicht beleidigt sein, wenn es niemand lesen will. Der unwillige Leser da draußen meint das wahrscheinlich nicht persönlich: Wenn er eure Bücher nicht mag, liegt das vielleicht nur daran, dass der Held immer nur Leonard Cohen hört oder zu viel über seine Mutter redet. Es ist nur bedingt vorhersehbar, was den Leser milde stimmt: Das können Erinnerungen an glückliche Tage in den Siebzigern und Achtzigern oder im Urlaub auf Kreta sein, oder dass die Geschichte in der eigenen Stadt spielt. Ein Text, in dem gepaddelt wird (Tim Parks, *Weiße*

Wasser), Bachkantaten gesungen werden (Jo Lendle, *Mein letzter Versuch die Welt zu retten*) oder jedes fünfte Wort »Eichhörnchen« ist (Martin Fritz, »Mein neues Hobby«, Open Mike 2008), wird es sich nur noch schwer mit mir verderben. Es ist eben auch Zufall, ob das Buch auf Leser mit den passenden Rezeptoren trifft.

Was hat das mit dem Bachmannpreis zu tun?

Sie werden es inzwischen ahnen: Dies ist keine Anleitung zum Gewinnen eines Literaturpreises. Das im Titel angedeutete Versprechen wird im Buch nicht eingelöst. Dieses Buch ist keine Anleitung zum Schreiben, kein Creative-Writing-Lehrgang, es ist keine Stilfibel und erklärt nicht die Mechanismen des Literaturbetriebs. Für all diese Dinge gibt es Bücher von Fachleuten.

Es wird Ihnen aber auffallen, dass sehr viele Textbeispiele und Zitate aus den Lesungen und Jurydiskussionen zum immer Ende Juni stattfindenden Wettbewerb in Klagenfurt stammen. Dort, bei den »Tagen deutschsprachiger Literatur«, lesen seit 1977 geladene Autoren vor einer Jury, dem Studiopublikum und Fernsehzuschauern unveröffentlichte halbstündige Prosatexte vor. Die Jury, bestehend aus Kritikern, Literaturwissenschaftlern und Autoren, diskutiert dann eine weitere halbe Stunde über den Text. Wenn alle gelesen haben, bestimmen die Juroren in öffentlicher Abstimmung die Preisträger.

Im Jahr 2005 fuhr ich zum ersten Mal als Zuschauerin nach Klagenfurt. 2004 hatte ich mir das Ganze erstmals in fast voller Länge im Fernsehen angesehen. Ich las die Texte im Internet mit, nahm an Parallel-Diskussionen in Forum und Chat teil – es war eine kleine Online-Literaturparty.

Bis dahin hatte ich mir – auf der Grundlage von Feuilleton-artikeln – vorgestellt, dass da ein Haufen kettenrauchender Profinörgler sitzt, deren einziges Bestreben es ist, hoffnungsvolle Jungautoren zu vergrämen und am Ende einen möglichst schlecht gelaunten Kunstblablatext auszuzeichnen. Aber das erwartete Elend fand nicht statt.

Die größte Überraschung am »Bewerb« war: Alles ist völlig nachvollziehbar. Die Fachleute in der Jury reagieren auf Literatur genauso wie andere Leser auch: Eine Jurorin versteht gar nicht, worum es in dem Text geht. Ein anderer Juror ist Geschichten von verstummten Ehepaaren auf alle Zeiten leid. Wieder andere erzählen ein paar Anekdoten, die ihnen zum Text eingefallen sind. »Ich habe auch mal als Zimmermädchen gearbeitet« oder »Mein kleiner Sohn sagt immer, Papa ...«, und dann folgt ein »genau so ist es« oder »in Echt ist alles ganz anders«. Spontanurteile setzen sich mitunter nach dem Muster zusammen: »Ein Text, in dem ... vorkommt, kann kein schlechter Text sein.« Einzusetzen etwa »wir rauchten beim Ficken« (Jurorin Iris Radisch) oder »Musik von Belle & Sebastian« (Juror Klaus Nüchtern). Dann erzählen die Juroren noch, ob sie sich gelangweilt haben, an welchen Stellen sie lachen mussten und ob sie so was schon mal anderswo gelesen haben.

Wirklich interessant wird es, wenn die Juroren darüber reden, wie es kommt, dass der Text so schwer verständlich ist, was speziell eine gute von einer schlechten Geburtsgeschichte unterscheidet und wie die Autorin/der Autor es geschafft hat, dass die Atmosphäre so plastisch wird, dass sie eigene Erinnerungen weckt.

Genau an dieser Stelle setzt *Wie man den Bachmannpreis gewinnt* an. Was zuerst wie ein etwas beliebiges Geschmacksurteil daherkommt, zeigt doch, ob das funktioniert hat, was der Autor beim Schreiben beabsichtigte, oder es ihm misslungen ist.

Es gibt wiederkehrende Anzeichen für das Scheitern von Texten. Aus dieser Erkenntnis entstand 2008 die »Automatische Literaturkritik« des Weblogs Riesenmaschine: Anhand vorher festgelegter Plus- und Minuspunkte werden die Texte durch Berechnung der Punkte ausgewertet. Diese Punkte sind im Anhang auszugsweise abgedruckt. Als der Preis 2008 kurz vor der Ermittlung der offiziellen Preise zum ersten Mal vergeben wurde, wussten wir noch nicht, dass der Gewinner Tilman Rammstedt eine halbe Stunde später auch Träger des Bachmannpreises und des Publikumspreises sein würde. Die offenbar gut programmierte Maschine kam zum selben Ergebnis wie die Jury, bloß schneller und billiger. Wenn der Automat zum selben Ergebnis kommt wie die Preisrichter, wäre es da nicht einfacher, die Jury ganz einzusparen und direkt den besten Text auszuzeichnen?

Aber natürlich kann keine Maschine die Jury in Klagenfurt ersetzen, wo blieben da die schönen Diskussionen?

Das Anschauen des Klagenfurter Wettlesens halte ich für eine der benutzerfreundlichsten Arten der Beschäftigung mit Literatur: Man bekommt im Stundentakt neue Texte, meint selbst während der Lesung schon mal ein bisschen herum und vergleicht dann mit dem, was die Juroren in der Diskussion sagen. Am schönsten ist es natürlich, wenn man nicht vor dem Fernseher sitzt, sondern auf Urlaub an den türkisfarbenen Wörthersee fährt.

Ein typischer Tag im Literatur-Urlaub: Noch morgens im Hotelbett die erste Lesung im Fernsehen anschauen. In der ersten Pause zum ORF-Theater radeln, das Fahrrad zwischen Hunderte andere Mietfahrräder stellen. Im Pavillon vor dem Theater wird gerade irgendein Fachmann interviewt, das kann man gleichzeitig im Haus auf den Bildschirmen sehen. »… die Gruppe 47 … blabla …« oder »… wir haben heuer nur zwei Autoren aus Österreich …« oder »… kein guter Jahrgang, noch kein Preiskandidat dabei …« Platz suchen, Kathrin und Maik schon da? Die jungen Frauen vom Tagungsbüro verteilen die Texte der nächsten Lesung, das Videoporträt des Autors läuft an: schon wieder Spiegel, gehende Füße, Apple-Computer. Die Juroren im Theater sehen gar nicht hin, die lassen sich neu pudern oder gehen aufs Klo. Nächste Kandidatin sitzt schon da, versucht, nach nichts auszusehen, vor allem nicht nach Aufregung. Im Theater Oberstufenkurse, die älteren Damen in der ersten Reihe, irgendwelche Leute, die im vorigen Jahr auch da waren. Kenne ich nicht, gehören bestimmt zum »Betrieb«. Während der Lesung Nicken, Stirnrunzeln, Kopfschütteln. Unten im Café an den Bildschirmen weniger vornehme Reaktionen. Die Jury wirkt müde, gestern Bürgermeisterempfang, wir hatten noch Dosenbierparty am Hotelstrand, sind die Juroren gleich schlafen gegangen? Oder liegt es am Text? Mittagspause: Tafelspitz könnt ich jeden Tag. Nachmittags Wiederholung im ORF-Theater, dann endlich zum Baden an den See. Sind alle wieder da, man grüßt dezent. Das Wasser ist warm, ein paar Haubentaucher schwimmen uns hinterher. Der Tag endet wie der vorige.

Wie man den Bachmannpreis gewinnt ist das Buch einer Endverbraucherin, die sich nicht professionell mit Literatur beschäftigt. Weil hier immer wieder von der Wirkung auf den Leser die Rede sein wird, berichte ich auch von persönlichen Leseerfahrungen – als Beispiel dafür, wie ein konkreter Leser mit seinen Vorurteilen und Marotten auf das reagiert, was ihm erzählt wird. Das Buch enthält außerdem drei Beiträge, die ich ursprünglich für das Weblog Lesemaschine.de verfasst und nun neu bearbeitet habe.

Zusätzlich ist im Buch die Instanz zwischen Autor und Leser vertreten, die Leute also, die Texte prüfen, bevor sie zum Leser kommen. Ich habe mich sehr gefreut, dass alle, die ich fragte, mir so bereitwillig geholfen haben.

Für ihre Gesprächsbereitschaft danke ich der Literaturkritikerin Daniela Strigl (*Der Standard*, Wien), der Agentin Christine Koschmieder (Partner + Propaganda, Leipzig) und Jo Lendle, Programmleiter Literatur (DuMont Buchverlag, Köln); außerdem Lektorin Susann Rehlein (Rowohlt, Berlin) und dem Autor Clemens J. Setz für ihre Beiträge zu speziellen Themen. Ich danke allen Freunden, die auf meine Umfrage geantwortet haben; auch die, die nicht im Buch zitiert sind, haben mir weitergeholfen!

Besonders danken möchte ich Kathrin Passig für das Vorwort und ihr, Sascha Lobo und dem Agenten Thomas Hölzl für die hartnäckige Ermutigung, Maik Novotny für den Buchstaben W und ihm und Michael Brake für die nächtlichen Korrekturen, Kritik und Anregung.

Das A–Z der Stoffe

Worüber zu schreiben ist

> Themen fehlen nie ! Es gibt so viele Beleuchtungen
> für die Dinge, so viel Blumensorten; täglich werden
> neue Technika erfunden; es ist tatsächlich noch gar
> nichts erschöpfend geschildert; weder Protuberanzen
> am Sonnenrand (in der roten Wasserstofflinie : und
> was sind das für lautlose Schauspiele !) noch die
> neuen elektrischen Rasierapparate, und was meine
> Haut so dabei fühlt.
>
> Arno Schmidt, *Der Platz, an dem ich schreibe*

Große Themen sind gute Themen: Pflanzen und Ausrot-
ten, Schuld und Sühne, Liebe und Hass, Krieg und Frie-
den. Geborenwerden und Sterben. Aber da fängt es schon
an: Eltern sterben nun mal, Kinder werden geboren, das ist
für jeden interessant, dem es passiert. Es ist aber nicht für
jeden Leser interessant, nur weil es dem Autor passiert ist.
Verliebte, besonders unglücklich Verliebte, nerven sogar die
eigenen Freunde bald, warum soll es dem Leser mit literarisch Verliebten anders gehen? Über Liebe lässt sich vielleicht nur noch mit großer Naivität oder noch größerer Ab-

geklärtheit schreiben, das ist wie mit Mozart: für Kinder zu leicht, für Erwachsene zu schwierig, soll der Pianist Arthur Schnabel gesagt haben.

Themen fehlen nie, aber wieso wiederholen sich so viele? Siechende Mütter, danebengegangene Beziehungen, verlorene Väter, Paarkrisen im Urlaub sind Standardsituationen der Literatur. Im Folgenden werden einige Themen auf ihre Tauglichkeit untersucht.

Arbeit, gute ehrliche

Wenn ein Historiker später das Leben um die Jahrtausendwende anhand von literarischen Texten auswertet, kommt er vielleicht zu dem Schluss: Die meisten Menschen dieser Zeit waren Schriftsteller, Schauspieler oder Texter in einer Werbeagentur. Einzelne verkauften ihnen Zigaretten oder fuhren sie in Taxen herum. Dafür, dass die meisten Leute mehr Zeit mit ihren Kollegen als mit ihren Partnern verbringen, spielt das Arbeitsleben in der Literatur eine erstaunlich winzige Rolle. Hat sich zum Beispiel schon mal ein Autor damit beschäftigt, was es bedeutet, Mitglied der großen Bayer-Familie zu sein? Wie es wäre, zu all den wackeren Werktätigen zu gehören, die seit dem Morgengrauen Acetylsalicylsäurepulver in von Fremdarbeitern im Keller geklebte Papiertütchen füllen, Erlenmeyerkolben abkühlen oder Reagenzgläser spülen, dann nach der Arbeit ihren – je nach Status – grauen oder weißen Kittel in den Spind hängen und auf einem Fahrrad mit – je nach Status – einer oder zwei Querstangen ins kleine Eigenheim fahren, das auf einem Bayer-Erbpachtgrundstück errichtet wurde, oder die als Mitglied des Werksorchesters ihre Tuben oder Fideln aus dem Spind holen und zur Probe eilen? Interessiert das denn wirklich niemanden außer mir?

Vorbildlich (auch) in Sachen Arbeitswelt ist der österreichische Autor Wolf Haas. In seiner Krimireihe um Simon Brenner erfährt man alles über das Betreiben eines Skilifts (*Auferstehung der Toten*), die Vorgänge im Keller einer Hähnchenbraterei (*Der Knochenmann*), den Krieg der Rettungsdienste in Wien (*Komm, süßer Tod*) oder das Betreiben einer Trafik (*Das ewige Leben*). Seltene Ausnahmen beim Wettbewerb in Klagenfurt waren zum Beispiel Alois Hotschnig, der 1992 seinen Text »Rettung« aus der Sicht eines Sanitäters vorlas und dafür den Preis des Landes Kärnten erhielt, oder Georg Ringsgwandl, der 1994 mit seiner Geschichte aus dem Installateursleben »24 Stunden Sanitär-Notdienst Maderegger« weniger erfolgreich war. Georg Ringsgwandl sagte 1995 im Interview: »Ich habe denen grob gesagt vorgehalten, dass die Jury selbst ein Problem hat, das mit dem normalen Leben zu tun hat. Und dass da nur beamtenmäßige Germanistik-Professoren säßen – quasi degenerierte Fernsehkasperl. Es tut mir leid, habe ich gesagt, wenn Sie als Jury die Realität nicht kennen, sondern die Welt nur aus ihren IKEA-Arbeitszimmern heraus beurteilen; dann kann das doch nicht mein Problem sein.« (Quelle: http://www.ringsgwandl.com, Stand: 01. 03. 2010)

■ *Reiz,* trotz der Erfahrungen von Georg Ringsgwandl: Die Kritiker und Juroren kennen sich mit ordentlicher Arbeit nicht aus und werden das schon aus schlechtem Gewissen würdigen. Mancher Leser möchte auch mal da abgeholt werden, wo er steht: in einem Berufsleben.

■ *Risiko:* Mist verzapfen. Bei Berichten über Berufe könnten Auskenner unter den Lesern sein. Also bitte ordentlich recherchieren.

Baby

Bis 1998 gab es im Strafgesetzbuch den Paragraphen 217. Nach dieser Vorschrift war die Kindstötung direkt nach der Geburt milder zu bestrafen. Warum war das so? Weil Mütter bekanntlich nach der Entbindung nicht ganz dicht sind. Sie befinden sich in einer psychohormonellen Ausnahmesituation. Im Zuge der Gleichberechtigung (Öffnung der Kreißsäle) gilt das heute auch für Väter. Dass Hormone irgendwie geisteskrank machen können, weiß jeder, der schon mal mit Pubertät, Wochenbett oder prämenstruellem Syndrom zu tun hatte.

»Kinder machen doof, und das ist im Sinne der Arterhaltung wichtig«, sagte Juror Klaus Nüchtern 2006 in der Diskussion über den Text »Anfang« von Dirk von Petersdorff. Darin findet sich zum Beispiel diese Schilderung: »Wasser aufsetzen, sechs Flaschen und Sauger in den Sterilisator. Wasser abgießen, abkühlen lassen. Flaschen nach Erlöschen der Kontroll-Lampe entnehmen, 80 ml Wasser einfüllen, Flasche eins bis sechs. Die Pulvertüte nehmen, den Messlöffel, fünf Löffel Aptamil einfüllen, links beginnen. Flaschen mit den Saugern verschließen, dann schütteln, Sauger wieder öffnen, Flaschen bis zur Markierung von 180 ml auffüllen. Eins bis sechs wieder verschließen, Schutzhüllen aufsetzen. Flaschen kräftig durchschütteln, Reihe zweimal abgehen, Flaschen in die Kühlschranktür stellen. Messlöffel in die Pulvertüte legen, schließen. Den Sterilisator reinigen.«

Schreiben über Schwangerschaft, Geburt und Elternsein im frühen Stadium sollte jeder. Immer. Gerne. Dann redet er vielleicht weniger darüber. Sollte der Autor es veröffentlichen wollen, gelten aber keine mildernden Umstände. Kinder gebären kann man auch zwischen Feldarbeit und Kartoffelschälen (siehe Monty Python, *Der Sinn des Lebens*), man braucht dafür nicht einmal heißes Wasser oder trockene Tücher.

Praxistipp für Autoren: Lassen Sie nach der Geburt Ihres ersten Kindes erst mal 14, 15 Jahre ins Land gehen. Im pickligen Angesicht der Pubertät des hilflosen Wesens von einst sehen Sie vielleicht auch Ihre rührselige Story aus dem Wochenbett nüchterner. Merke: Die Geburts- und Säuglingsgeschichte ist der »Baby an Bord«-Aufkleber unter den literarischen Stoffen. Etwas, was man möglicherweise schon bald spurenlos abknibbeln möchte.

■ *Reiz:* Verarbeitung der allseits bekannten Phänomene von Erschöpfung, Lendenstolz und Beziehungskrise.
■ *Risiko:* Die Zielgruppe hat wegen Stillbeschwerden, Erschöpfung und Beziehungskrise gerade keine Zeit zum Lesen.

DDR beziehungsweise Drüben

Mit der DDR sind die aus der BRD immer noch leicht zu kriegen. Das ist wie mit den Geschichten vom Land: Man spricht dieselbe Sprache, aber es schwebt eine Wolke von Exotik darüber, die in dem einen Fall nach Kuhmist und Silage, in dem anderen nach diesem ganz bestimmten Reinigungsmittel, Zweitaktgemisch und schlecht gepressten Briketts riecht. Wenn Sie nicht gerade über diese Reinigungsmittel, den Trabant und die Ofenheizung schreiben (Ostalgiefalle), kann nicht viel passieren. Ich habe neulich ein Buch gekauft, nur weil ich wissen wollte, wer 1974 am Schweriner See eine Villa mit Swimmingpool bauen konnte. Es war dann aber doch nur so eine Abrechnung-mit-dem-Vater-Geschichte. Andererseits: Warum sollten Autoren aus der DDR nicht auch ganz ohne DDR-Bezug mit ihren Vätern abrechnen dürfen?

Mit Geschichten mit explizitem DDR-Bezug wurden ein Viertel aller Bachmannpreise gewonnen, das ist umso bemerkenswerter, als bei acht Wettbewerben in Folge (von 1979 bis 1986) kein Autor aus der DDR anreisen durfte. Kindheit in der DDR, Stasi, DDR-Abwicklung – immer super gelaufen. Die DDR ist nicht auserzählt, von Ingo Schulze nicht und von Uwe Tellkamp nicht, und auch nicht von Florian Henckel von Donnersmarck, dem Tellkamp des deutschen Films. Verlassen Sie sich darauf, bis auf Weiteres wird die Jury einen überwiegend imperialistischen Hintergrund haben. So lange können Sie Ihnen ruhig noch was von drüben erzählen. Der Journalist Jörg Magenau fasste das literarische Ost-West-Gefälle – zur Lesung von

Kurt Drawerts DDR-Abwicklungstext »Haus ohne Menschen« beim Bachmannwettbewerb 1993 – im *Freitag* vom 2.7.1993 so zusammen: »Es gibt im Osten einen Vorrat an zu erzählender Geschichte, an verlorenem Leben, an Brüchen, in denen Literatur zum Überlebensmittel wird. Westlichen Autoren mögen solche Sätze sehr pathetisch vorkommen. Sie haben – mitten in unserer krisenhaften Gegenwart – meist nur von langweiligen Leben zu berichten. Geschichten von Liebe und Liebeskummer, von Orientierungslosigkeit und Einsamkeit. Oder es sind ganz und gar ausgedachte Geschichten, die eine Wirklichkeit schildern, die es nirgendwo gibt.«

Eines der einfühlsamsten Bücher über die DDR wurde von der australischen Autorin und Rechtsanwältin Anna Funder geschrieben, es heißt *Stasiland* und ist eine sehr subjektive Reportage über Begegnungen mit Stasiopfern und -tätern. Als Ausländerin hat sie das Privileg, der Sache mit echter Neugier und Anteilnahme von außen zu begegnen. Vielleicht eine gute Taktik auch für den literarischen Umgang mit dem Thema: Mal an die nichtdeutschen Leser denken oder den Blick von jenseits der Oder-Rhein-Mosel-Grenze in die neuere Geschichte werfen.

■ *Reiz:* Leben unter politischer Unterdrückung ist eines der großen Themen.

■ *Risiko:* Für Westautoren: Protektionismus. Für Ostautoren: Ostalgie.

Praxistipp für Autoren: Schreiben Sie, als schrieben Sie für Schweizer. Oder noch besser: Seien Sie Schweizer!

■ *Weiterführende Literaturhinweise:*
Ulrich Plenzdorf, *kein runter kein fern* (Bachmannpreis 1978);
Katja Lange-Müller, *Kaspar Mauser – Die Feigheit vorm
Freund* (Bachmannpreis 1986); Uwe Saeger, »Ohne Behin-
derung, ohne falsche Bewegung« (Bachmannpreis 1987);
Angela Krauß, *Der Dienst* (Bachmannpreis 1988); Wolf-
gang Hilbig, *Eine Übertragung* (Bachmannpreis 1989); Kurt
Drawert, *Haus ohne Menschen* (Bachmannpreis 1993); Uwe
Tellkamp, »Der Schlaf in den Uhren« (Bachmannpreis 2004);
Lutz Seiler, *Turksib* (Bachmannpreis 2007).

Ex, Abrechnung mit der/dem

Die eigene Kränkung ist die wichtigste Enttäuschung, die
überhaupt je einem Menschen zugefügt wurde. Manche
Autoren haben den Wunsch, der Welt dies mitzuteilen, damit da draußen nicht andere Enttäuschungen wichtiger genommen werden.

Eine eigene Leseerfahrung: Es war im Jahr 2003. Morgens hatte ich in der Zeitung gelesen, dass Maxim Billers
Esra nur noch mit Schwärzungen verkauft werden dürfe.
Nachmittags sah ich einen Stapel aus der Erstauflage in der
Vorortbuchhandlung liegen und beschloss, zum ersten Mal
in meinem Leben zu spekulieren. Bald wurde das Buch
ganz verboten, weiterer Kursgewinn war zu erwarten. In
den Jahren, in denen ich auf das Verrücktspielen des *Esra*-
Marktes wartete, las ich das Buch. Ein Ich-Erzähler, Adam,
berichtet dort von seiner danebengegangenen Beziehung
mit Esra. Was mir zuerst besonders gefiel, war, dass Adam

so unsympathisch rüberkam. Das ist ja immer ein Zeichen gesunder Distanz zwischen Autor und Protagonist, wenn der Held nicht allzu sympathisch ist. Je mehr ich aber über den realen Hintergrund der Geschichte erfuhr, desto unsicherer wurde ich: Vielleicht findet der Biller den Adam ja gar nicht unsympathisch. Vielleicht ist der Biller ja selber der Adam.

Ich werde es nie erfahren, aber ich möchte mir beim Lesen keine solchen Gedanken machen. Ich will nicht über den Autor nachdenken, sondern über die Figuren. Wenn ich weiß, dass echte Menschen involviert sind, dann geht mein Gerechtigkeitsgefühl mit mir durch. Dann würde ich gerne auch wissen, was die andere Seite dazu sagt. Meine Sympathien konzentrierten sich also bald auf Esra, und Esra, das weiß ich inzwischen, möchte sich weder selbst zu der Sache äußern noch möchte sie, dass Adam zu viel erzählt. Bei mir blieb Missmut: Dieses Buch ist möglicherweise gar nicht für mich geschrieben, sondern gegen. Gegen jemand anderes. Das wirklich Beleidigende an den Abrechnung-mit-der-Ex-Büchern ist doch, dass wir als Leser gar nicht gemeint sind. Wenn wir nicht gerade der/die Ex sind.

Als der erste Senat des Bundesverfassungsgerichts im Juni 2007 das Verbot von *Esra* bestätigte (Aktenzeichen 1 BvR 1783/05), vertickte ich das Buch für 287 Euro bei eBay und kaufte mir ein paar Stiefel. »Ah, die ›Biller-Treter‹«, sagen meine Freunde, wenn ich sie trage.

■ *Reiz:* Das hat er/sie nun davon.
■ *Risiko:* Der Leser könnte die Absicht merken: Das ist ja gar nicht für mich geschrieben!

Ferienerlebnis, mein schönstes

Die Urlaubssituation ist bei Autoren beliebt, weil sie eine Versuchsanordnung ist. Urlaub ist Leben unter Laborbedingungen, Umfeld und Personal sind übersichtlich und im Wesentlichen bekannt, kleine folkloristische Missverständnisse sorgen für Auflockerung, Paarkrisen treten deutlicher zutage, weil das Ausweichen (Büro, Elternabend) wegfällt, und bekanntlich fällt auch Fremdsex im Urlaub leichter. Sagt man so. Zum Beispiel Denis Scheck als Juror in Klagenfurt 2001 zu einem Text, in der ein Paar auf der Insel Fuerteventura seine Krise hat (Katrin Askan, »Landläufig«, 3sat-Preis 2001): »Die Beziehungshölle, das Psycho-Straflager, das wir halt Ferien nennen.« Jurykollegin Birgit Vanderbeke: »Alle Paare, wenn sie in Urlaub fahren, sind schlecht gelaunt … Das ist ein kleiner Schnappschuss dessen, was konventionellerweise empirisch häufig zwischen Männern und Frauen vorkommt.« Weil das konventionellerweise und empirisch häufig so ist, sollten Urlaubsgeschichten etwas anderes erzählen.

■ *Reiz:* Geringer Aufwand, man nimmt das Setting einfach aus den eigenen Urlaubsfotos, dem Reiseführer oder einer dieser Fernsehkomödien wie »Einmal Mallorca und zurück«.
■ *Risiko:* Alles schon bekannt. Um großes Augenrollen zu verhindern, sollte sich der Autor vorher im Urlaubsgeschichtengenre umsehen und es anders machen.

Ralf Bönts Erzählung »Steine« aus *Berliner Stille* ist so eine andere Urlaubsgeschichte: Ein Pärchen macht eine Fahrradtour auf Korsika. Er fährt Rennrad, sie Hollandrad. Sie haben sich auf einer kirchlichen Jugendfreizeit kennengelernt. Die Szene, in der er sein Rennrad in den Graben wirft, genervt, weil er immer, immer auf sie warten muss, die hakt zwar etwas, weil er ja das ganze Gepäck hat und sich mit dem ganzen Gepäck auch ein Rennrad schlecht werfen lässt, zeigt aber das Demütigende dieser Situation für beide überzeugend. »Scheiße«, brüllt er, »dann schieben wir halt, so 'ne Scheiße!« Schön auch, wie sie abends im Zelt die Socken quadratisch faltet. Diese unerträgliche Enge.

Geriatrie: Altwerden und Begleiterscheinungen

Das Thema Alter und Pflegebedürftigkeit fliegt den Autoren zu: erst die Oma, dann der Zivildienst, dann die Eltern, dann sie selber. Meist spricht große Betroffenheit aus den Texten. Betroffenheit, die der Leser teilen soll.

Früher kam die Oma ins Heim oder lag im Bett herum und irgendeine Tante kümmerte sich drum. Das war der Lauf der Dinge und stürzte die Kinder und Enkel nicht in ernsthafte Krisen. Heute wird das Altwerden offenbar als Bedrohung empfunden.

Je jünger der Autor, desto eher drückt er der Oma seine kindliche Vorstellung von Lebensqualität auf. Dabei ist es »im Grunde egal, ob ein Mensch über einen gelungenen Text glücklich ist oder über ein Wurstweckle«, selbst dann, wenn er früher mal Bachmann-Juror war (Inge Jens über Walter Jens, zitiert in der *FAZ* vom 27. 2. 2009).

■ *Reiz:* Recherche kann bei Omas Kaffeekränzchen statt-
finden oder am eigenen Leibe. Alter droht fast jedem.
■ *Risiko:* Die eigene Vorstellung von Lebensqualität wird auf
die Figur übertragen.

(Siehe auch das Kapitel »Ich, Gott und die anderen«.)

Heimat, ländliche

Texte, die auf dem Land spielen, sollten von Leuten geschrieben werden, die sich auf dem Land auskennen. Sie sollten
dem Landleben aber schon so lange entkommen sein, dass
ihre Wut verraucht ist. Anders als früher oder auf Island
spielen sich Landgeschichten nicht mehr unter Menschen
ab, die auf dem Land leben, dort gelebt haben und weiter
dort leben werden. Sondern wir lesen von Menschen, die auf
dem Land verrückt werden oder drogensüchtig (Patrick Find-
eis, »Kein schöner Land«, 3sat-Preis 2008; Norbert Scheuer,
»Überm Rauschen«, 3sat-Preis 2006), und von solchen, die
aus der Stadt aufs Land gezogen sind oder vom Land in die
Stadt. Von Rückkehrern, die irgendetwas suchen, was sie
nicht finden. Vielleicht suchen sie ja nicht das Richtige?
  Die Landbevölkerung ist rau und religiös, hier weiß man
noch, was sich gehört. Hier kann man noch Figuren zum
Anecken hinschicken, die das in der Großstadt kaum noch
schaffen. Hier ist Homosexualität noch eine Krankheit und
ein nicht eheliches Kind eine Schande. Die Ausgegrenzten-
Geschichten, die in Berlin nicht mehr funktionieren, kann
man immer noch aufs Land verpflanzen.

■ *Reiz:* Das Land ist von hoher Exotik, heute, wo Berlin-Neukölln das neue Worpswede ist. Trotzdem hat der Leser ausreichend Bilder von wogenden Weizenfeldern, grasenden Holsteiner Kühen und Schweinemastanlagen im Kopf, sodass nicht jeder Kuhfladen beschrieben werden muss.

■ *Risiko:* Klischeefalle und Wiederholungsgefahr. Stets brodeln Gewalt, dumpfer Moralismus und sexuelle Unterdrückung unter der Idylle.

Inselbegabte und andere Käuze

Wer Spaß an verschobenen Sichtweisen und krauser Rede hat, begibt sich ins Innere eines verschobenen, krausen Hirns. Das ist ein bisschen unlauter, denn sehr viel seltener im Leben als in der Literatur befähigt ein geistiger Defekt zu besonderen schöpferischen Leistungen. Und natürlich möchte der Schreiber sich im Kopf eines klugen, kreativen Irren befinden, den wortarmen Kretin lässt er links liegen. Sonderbegabte treten anteilig in der Literatur häufiger auf als in der Realität. Also Vorsicht, es könnte sein, dass man im gleichen Kleid auf die Party beziehungsweise in die aktuelle Buchsaison kommt wie die Konkurrentin. Beim Klagenfurter Wettbewerb traten zum Beispiel im Jahr 2005 mehrere Synästheten gegeneinander an.

■ *Reiz:* Andersdenken ist Anderssprechen, führt zu Andersschreiben – guter Boden für sprachliche Experimente und einen speziellen Blick auf die Welt.

■ *Risiko:* Unglaubwürdigkeit, weil der Kauz für den speziellen Zweck erst hingebogen werden muss.

(Siehe auch das Kapitel »Ich, Gott und die anderen«.)

Jugend, zweite

Die eigene Fünfzigwerdung ist ein an sich erfreuliches Ereignis, man könnte schließlich schon tot sein. In erdgeschichtlichen Zusammenhängen ist es nur einen Moment her, dass man sich um so etwas wie Midlife-Crisis gar keine Sorgen machen musste. Heute ist die Midlife-Crisis die Fortsetzung der Pubertät mit anderen Mitteln. Man sollte das nicht überbewerten, es geht vorbei.

■ *Reiz:* Täglich erinnert der Körper einen daran, dass die erste Jugend vorbei ist. Das wird man doch mal loswerden dürfen!
■ *Risiko:* Es kommt, einmal losgeworden, nirgendwo an. Die Lächerlichkeit des Ewig-Jungsein-Wollens ist nur schwer zu widerlegen.

Krankheit und Siechtum

Amerikanische Serien wie *Dr. House* und *Emergency Room*, Bücher wie Thomas Manns *Zauberberg* zeigen an, dass Krankheiten ein tolles Thema mit großer Anhängerschaft sind. Irgendein Zipperlein hat ja auch jeder mal. Doch nicht erst seit Thomas Mann sind Krankheiten literarisch verdächtig.

Literarische Gebrechen wollen oder sollen »für etwas stehen«, zum Beispiel für das Leiden an der Unvereinbarkeit von Künstlersein und – ja was eigentlich? Oder für besondere Fähigkeiten (siehe: Inselbegabte und Käuze) oder die Läuterung des Menschen durch das Leid. Draußen im Leben zeichnen Krankheiten sich vor allem durch ihre Lästigkeit und ihre Ungerechtigkeit aus. Mit dem Läutern klappt es für gewöhnlich auch nicht. Wenn Krankheiten neben den Zumutungen, die sie mitbringen, auch noch was wollen, zum Beispiel »für etwas stehen«, überschreiten sie ihre Kompetenzen. Sollen die armen Kranken auch noch bessere Menschen werden müssen? Sind die nicht gestraft genug? Nein, die sind überhaupt nicht gestraft. Die haben einfach Pech.

Herr Aschenbach in Thomas Manns *Tod in Venedig* ist homosexuell und pädophil, prompt muss er der Cholera zum Opfer fallen. Heute fände man das übertrieben. Den Gedanken von Krankheit als Strafe oder Krankheit als Flucht vor der persönlichen Unvollkommenheit fand man kürzlich zum Beispiel bei Tilman Jens, der gegenüber der Zeitschrift *Focus* (8. 2. 2009) über seinen dementen Vater Walter Jens (Bachmann-Juror 1979–1984) sagte: »Aus Scham floh mein Vater in die Verzweiflung, in die Depression, in die Demenz.« Im Umkehrschluss: Wer dement wird, wird schon irgendeine Schweinerei zu verbergen haben? Das ist zumindest medizinisch gewagt und würde schon aufhorchen lassen, wenn es über eine erfundene Figur gesagt würde.

Praxistipp: Der Krankheit eine Hauptrolle geben. Dann hat sie genug zu tun und erhält ihre Bedeutung nebenbei.

- *Reiz:* Krankheiten bieten ein schier unerschöpfliches Arsenal an Ausstattungsmerkmalen und sind metaphorisch nicht zu verachten.
- *Risiko:* »Krankheit als Metapher« (mehr dazu bei Susan Sontag, *Krankheit als Metapher*).

Literaturbetrieb

Stellen wir uns folgende Situation vor: Ein Autor hat ein erfolgreiches Debüt hinter sich. Es beginnt eine schöne Zeit des ersten Ruhms: Literaturpreise, Aufenthaltsstipendien, Lesereisen. Der Autor nimmt erst mal alles an und findet sich und seinen in Zeitungen und Veranstaltungskalendern gedruckten Namen toll. Das Autorsein führt dazu, dass der Autor sonst nicht mehr viel erlebt, also schreibt er genau darüber. Die Freude über den Erfolg scheint kurz zu sein: Wir lesen die ewig ähnlichen Geschichten über ewig ähnliche Hotels, und immer ist es so einsam. Alle Lesereisengeschichten sind gleich. Außer bei Kempowski.

Sowohl die Leser als auch die Kollegen werden allenfalls Spaß haben an Berichten vom Scheitern. Und gescheitert bedeutet nicht, in einem Hotel mit beigefarbenen Vorhängen übernachten zu müssen!

Julia Schoch gewann 2005 mit dem Text »Der Ritt durch den Feind« den Preis der Jury. Die weibliche Hauptfigur ist Autorin und auf Einladung des Goethe-Instituts in Südamerika. In der Diskussion wurde der Text gelobt, dabei benannte die Jury aber die Probleme des Themas:

Burkhard Spinnen: »Es ist brillant gemacht, wie diese ganzen DAAD- und Goethe-Rituale ihre Dignität bei gleichzeitiger Steigerung der Grausamkeit erhalten. Ich finde, es ist eine ganz große Leistung, Hotels zu beschreiben, ohne dass alle Leute gleich ›ach ja‹ sagen, sondern eher von dem Schauer der vollkommenen Unbehaustheit angerührt sind, den sie selbst immer wieder in Hotels empfinden, für den sie aber keine Worte haben.«

Iris Radisch: »Am Anfang denkt man ›Was soll denn das, ist das eine dieser üblichen Parodien auf das Elend des Schriftstellerlebens?‹ Immer werden diese armen Schriftsteller vom Goethe-Institut verschickt, und immer sind die Hotelzimmer schlecht, und immer werden sie von Idioten abgeholt, und die Ventilatoren funktionieren nicht, und die Bar ist alle und so, also dieses ganze Sekundärgeschreibe, wo sich der Betrieb immer nur selbst bestätigt.«

▪ *Reiz:* Der Literaturbetrieb nimmt solche Geschichten willig auf und unterzieht sie einer gründlichen Betrachtung. Man könnte ja selber darin vorkommen.

▪ *Risiko:* Du stehst nicht im Stau, du bist der Stau.

Männer, Frauen, Monster

Zum Thema »Männer und Frauen« und den jeweiligen Beziehungs- und Einparkfähigkeiten sind schon Regalkilometer mit besserwissendem Glucksen vollgeschrieben worden. Wer dem Thema etwas hinzufügen will, sollte es mal mit »The Rule« (aus dem Comicstrip *Dykes to watch out for*) von Alison Bechdel versuchen, die lässt sich auch auf Texte anwenden:

> *Zwei Frauen wollen sich zum Kino verabreden:*
> *»Ich gehe nur in Filme, die drei grundlegende Voraussetzungen erfüllen. Erstens: Es müssen mindestens zwei Frauen vorkommen, die, zweitens, miteinander reden, und zwar drittens über etwas anderes als einen Mann.«*
> *»Ziemlich streng, aber eine gute Idee.«*
> *»Kein Scherz, der letzte Film, den ich sehen konnte, war* Alien – *die beiden Frauen darin redeten miteinander über das Monster.«*

Im Jahr 2008 und 2009 gab es in Klagenfurt unter 28 Texten keinen einzigen, der »Die Regel« erfüllt hätte.

Praxistipp: Männer sind anders. Frauen auch.

Obdachlosigkeit, transzendentale, und Religion

Jetzt, wo im gentrifizierten Berlin-Mitte scharenweise unbefleckte Kinder von ihren ihrerseits ungetauften Eltern zur Taufe getragen werden, hängt das Thema vollreif am Baum. Wer will schon seinen Kindern erzählen, was er selber glauben müsste: Dass der tote Opa da, wo er jetzt ist, vermutlich nicht von einer Wolke herunterschaut, sondern von Würmern gefressen wird. »Sinnsuche und Spiritualität« bitte einfach ernten und verarbeiten, bevor es schimmlig wird. Katholizismus, Scientology, Buddhismus, Meditation oder

Homöopathie, egal, Hauptsache lustig. Anregungen gibt es im aktuellen Sektenbericht und am Schwarzen Brett im Bioladen.

■ *Reiz:* Woher wir kommen und wohin wir gehen – die großen Fragen bleiben immer die großen Fragen.
■ *Risiko:* Hohe Fettnäpfchendichte.

RAF

Der Terrorismus der Siebzigerjahre ist ein Thema, das mich notorisch interessiert, habe ich doch als Kind statt Räuber & Gendarm schon »Baader-Meinhof-Bande« gespielt, mit »Rattattatata« statt dem altmodischen einfachen »Päng«. Wir nahmen auch Geiseln und hielten sie hinten an der Spielplatzgrenze im Gebüsch fest, da, wo die große Stacheldrahtrolle war und die netten Polizisten mit den Maschinenpistolen das Haus von Hans-Jochen Vogel bewachten. Diese Perspektive kindlicher Putzigkeit lässt sich aber auch in meiner Erinnerung nicht durchhalten.

■ *Reiz:* Es wird geschossen.
■ *Risiko:* Wenn Sie nichts zu erzählen haben, was wir nicht bereits von Stefan Aust wissen, können Sie es auch lassen.

Praxistipp: Auf der Opferseite gibt es noch jede Menge ungeschriebene Geschichten.

Siebziger, Achtziger, Neunziger ...

Ein beliebtes Genre sind die Generation-X-Romane: Sie handeln vom Erwachsenwerden in den Zeiten von RAF und Schlaghosen (Siebzigerjahre), Diskotheken und schlimmen Frisuren (Achtzigerjahre), den ersten Handys und dem ersten eigenen Golf (Neunzigerjahre). Die Neunziger sind noch nicht so lange vorbei, sie hängen den Siebzigern und Achtzigern noch hinterher. Bekannte Vertreter des Genres sind Gerhard Henschel (*Kindheitsroman, Jugendroman*) und Sven Regener (*Neue Vahr Süd, Herr Lehmann*).

In seinem Buch *Mein letzter Versuch, die Welt zu retten* (2009) lässt Jo Lendle einen jungen Mann zu Beginn der Achtzigerjahre zum Protestieren ins Wendland fahren. Er hat versucht, die Achtzigerfalle zu umgehen, zum Beispiel durch nur sehr sparsamen Einsatz von Musikzitaten und Markennamen: »Es wäre leicht, ein Achtzigerjahre-Buch zu schreiben, in dem all diese Bestandteile enthalten sind. Das ist einfach, jeder von uns kann das an einem Nachmittag runterrotzen, es wirkt halt unmittelbar. Aus irgendeinem Grund fasziniert es die Leute tatsächlich, sich noch mal an die Joghurtsorten von damals zu erinnern. Ich wollte auf andere Weise zeigen, wie sich diese Zeit anfühlte.«

Geha-Pelikan, Opas Opel Senator – das ist bald durchschaut. Auf das Erzählen einer interessanten Geschichte kann also nicht verzichtet werden. Ich prophezeie: Der Ausruf »Was Klamotten!« oder »Die Frisur« wird bald auch die ersten Fotos aus Jahren mit einer 20 vorne erwischen. Wenn in zwei bis fünf Jahren wieder toupiert und gefärbt wird,

wird niemand mehr wissen, was an den Frisuren der Achtziger so lustig gewesen sein soll. Ohne gutes Gespür dafür, was an der Zeit der eigenen Jugend wirklich besonders war, wird nur sehr kurzlebige Literatur entstehen.

■ *Reiz:* Mild ist der Blick auf die Verirrungen der eigenen Jugend.

■ *Risiko:* Beim Lesen immer »so war es« denken zu müssen nutzt sich nach ein paar Hundert Seiten ab.

Todeszone

»Die weiße Hölle«, »Drama am Mount Everest«, »In eisige Höhen« – Berichte aus einer Gegend, in der einem die Gehirnzellen wegschmelzen, haben eine stabile Fangemeinde. Meist berichten die Bergsteiger selber, wie es da oben war, oft mithilfe von Ghostwritern. Diese Erlebnisgeschichten ähneln einander: streikende Träger, Yakbutter, die erhabene Bergwelt. Dabei bietet das Setting (viel Gegend, Lebensgefahr, gemeinsames Warten auf kleinem Raum) alles, was man für große Romane brauchen kann.

In eine tiefere Todeszone drangen Robert Peroni, Josef Schrott und Wolfgang Thomaseth im Jahr 1983 (Bericht *Spiegel,* 13/1984) vor: Sie überquerten zu Fuß in 88 Tagen das grönländische Inlandeis. Der österreichische Autor Michael Köhlmeier hat aus den drei Männern literarische Figuren gebastelt, die er in *Spielplatz der Helden* ihre jeweils eigene Version der Expedition erzählen lässt. Über Köhlmeiers Szenerie liegt der Geruch von Pulvernahrung »Ba nane« und eine Atmosphäre von Angst, Zickigkeiten und Hass aufeinander.

Der fliegende Berg von Christoph Ransmayr ist in archaischen Versen verfasst, wie ein Heldenepos (»Ich starb/6840 Meter über dem Meeresspiegel/am vierten Mai im Jahr des Pferdes.«). Zwei irische Brüder entdecken auf einem Satellitenbild einen noch nicht beschriebenen Achttausender im Himalaja. Der eine geht später dort verloren (Günther-Messner-Thema), der andere verliebt sich. Dazu Politik (Irland, Tibet, China) und schwere Kindheit: Mehr kann man aus dem Bergdrama kaum herausholen.

■ *Reiz:* Wetter, Wahnsinn, Tod.
■ *Risiko:* Das Ziel ist immer im Tal.

Unbehaustheit

Vielleicht könnte mal jemand einen richtig schlechten Klagenfurt-Text schreiben über die Unbehaustheit des Menschen, der die Abendmaschine nimmt und deshalb einen Sonntag in Klagenfurt vertrödeln muss. Muss man im Hotel ein Handtuch stehlen, wenn man nachmittags noch zum See will? Und wohin mit den nassen Badesachen? Wieso bloß ist vor Mittag kein Café offen? Will man in Kärnten die Menschen dazu erziehen, erst nach der Kirche öffentliche Vergnügungs- und Verpflegungseinrichtungen aufzusuchen?

■ *Reiz:* Große existenzielle, kulturelle und politische Fragen sind zu behandeln.

Bitte sehr. Gern geschehen. (Siehe auch »Literaturbetrieb« und »Obdachlosigkeit, transzendentale«.)

Vater und Mutter ehren, du sollst

Eine persönliche Bitte an Autoren: Lassen Sie Ihre armen alten Eltern in Ruhe gaga werden und sterben. Es ist mir persönlich sehr unangenehm, wenn mir Dinge erzählt werden über Leute, die mir das von sich aus nicht erzählen würden. Von Georg Diez erschien im Jahr 2009 *Der Tod meiner Mutter*. Es ist bestimmt ein gutes Buch, sensibel, einfühlsam. Ich werde es nicht lesen. Noch weniger, nachdem mir klar geworden ist, dass ich Frau Diez einmal kennengelernt habe. Wenn sie gewollt hätte, dass ich all das über sie weiß, was in dem Buch steht, dann hätte sie mir das ja erzählen können. Ich wünsche mir mehr Geschichten über erfundene Eltern. Wir lesen Literatur auch, um uns die Fülle des Lebens und Leidens von Ersatzfiguren zeigen zu lassen, damit wir nicht alles selber erleben müssen. Wir wollen aber nicht echten Geschädigten bei der Aufarbeitung zusehen! Liebe Autoren: Erfinden Sie sich doch bitte neue Eltern. Mit denen können Sie machen, was Sie wollen! Auch vor Gericht kann eine »schwere Kindheit« nicht jeden Unsinn rechtfertigen.

Allein die Vorstellung, meine Kinder gingen später in ähnlicher Weise mit mir um – ich suchte mir sofort einen vertrauenswürdigen Verweser, der nach meinem Tod mein Haus abbrennt, meine Accounts bei sozialen Netzwerken reinigt und meinen Freunden Schweigegelder übergibt.

- *Reiz:* Vergeltung.
- *Risiko:* Enterbung oder Störung der Totenruhe.

Wissenschaft

Ist es denn wirklich so, dass die meisten Autoren zu Schulzeiten diejenigen waren, die im Physikunterricht lieber verträumt aus dem Fenster geschaut haben, anstatt genau zu verfolgen, wie, wo und warum jetzt Anionen und Kationen durch genau welche Felder sausen, und deshalb heute in ihren Büchern die Protagonisten auch andauernd verträumt aus dem Fenster schauen müssen? Wenn ja, dann ist es schade um die verpassten Chancen, denn als Leser würde man durchaus gerne die Schönheit der Mathematik, von der ja so viel berichtet wird, mal von einem Literaten mit literarischen Mitteln erklärt bekommen anstatt von einem Mathematiker mit mathematischen Mitteln.

Die Flut an populärwissenschaftlichen Büchern in den letzten Jahren zeigt, dass ein breites Interesse an solchen Themen besteht. Neben Daniel Kehlmann und Ralf Bönt ist noch Platz! Es muss ja nicht immer das soziophobe, semiautistische Genie am Rande des Wahnsinns herauskommen, wenn man einen Wissenschaftler als Helden wählt. Es reicht schon, wenn für den Leser und den Autor ein Mehrwert herausspringt, etwas, das beide vorher noch nicht wussten. Einfach mal in *Spektrum der Wissenschaft* hineinschauen anstatt in *Volltext* oder den Kaffeesatz. Und weil weiter nonstop geforscht und entdeckt wird, gehen die Themen nie aus. Mikrobiologie, Asteroidengürtel, dunkle Materie, Urananreicherung, Tunguska-Ereignisse, das interessiert uns! Und einen sprachlich schöneren Begriff als »Seltene Erden« muss man sich auch erst mal ausdenken.

■ *Reiz:* Pioniergeist. Es gibt endlose Felder, die kein Mensch je literarisch betreten hat (zumindest nicht mit ordentlichem Schuhwerk). Ein Dankbarkeitsvorschuss des Lesers ist gewiss.

■ *Risiko:* Wikipedia-Literatur. Die Wissenschaft sollte schon dem Plot dienlich sein und nicht als Copy-Paste-Immigrant isoliert im Text herumstehen.

XY ungelöst

Verbrechen taugt. Der *Tatort* am Sonntag, die Lokal-Krimis aus Berlin, Köln oder der Eifel, Venedig- oder Sizilienkrimis werden buchstäblich reihenweise weggelesen. Schön, wenn sich ein Autor auch mit der Sprache Mühe gibt, so wie Wolf Haas mit seinen Brenner-Romanen. *Der Brenner und der liebe Gott* war 2009 auch auf der Auswahlliste für den Deutschen Buchpreis.

Wolf Haas behauptete zwar im Interview, bei ihm gelte »function follows form«, der Plot diene nur dazu, die seltsame Sprache des Erzählers auszukosten. Spannend ist es trotzdem. Das fängt bedrohlich harmlos an: »Nicht immer nur tschingbumm, und wer hat jetzt wem eine Kugel, ein Messer, ein Stromkabel, was weiß ich nicht alles.« Nach zig

Katastrophen endet es mit Showdown in der Jauchegrube und einem Endstand von sieben Toten.

- *Reiz:* Es darf geschossen werden.
- *Risiko:* Spannung follows Kunst.

Erziehung zum Sozialismus

aus: Lesemaschine.de

1978 las Helga Schütz in Klagenfurt aus »Julia oder Erziehung zum Chorgesang«. Ich hatte ein paar »Kinder von Golzow«-Filme gesehen, da übten die Zehnjährigen die »Kinderhymne« von Brecht/Eisler. Ein paar Tage später saß ich – trotz der neuen Maxim-Biller-Stiefel – frierend auf dem Chorpodest im Kölner Dom und sang stumm diesen Ohrwurm vor mich hin: »Weihrauch sparet nicht noch Myrrhe, Kyrie nicht Hochgesang.« Quasi im Tabernakel lag da schon der Text von Helga Schütz bereit: Chorgesang und frühe DDR.

Wenn DDR-Autoren nach Klagenfurt ausreisen durften, was nicht immer der Fall war, gewannen sie meistens auch einen Preis. Sie taten gut daran, das Geld gleich an Ort und Stelle zu verjubeln, sonst drohte Zwangsumtausch. Ulrich Plenzdorf gewann 1978 mit »kein runter kein fern« den Bachmannpreis (100 000 österreichische Schilling). Helga Schütz ging knapp leer aus, DDR war vielleicht aufgebraucht, schließlich waren auch noch die Schweizer und die Westdeutschen zu berücksichtigen. Von heute aus betrachtet, stellt man fest, dass zeitgemäß viele typische Themen der Siebzigerjahre durch die Texte zogen: Hannelies Taschau (»Mein Körper warnt mich vor jedem Wort«) reagiert auf die Selbstmorde in Stammheim,

Hanns-Josef Ortheil (»Der Weg, der Fermer nach Seebüll führte«) lässt seinen Helden vom Wehrdienst desertieren, Ursula Krechel (»Zucker, die Lähmung der Moleküle«) wohnt in einer WG und hat was mit ihrem Professor, Angelika Mechtel (»Aufzeichnungen über eine Reise zu Felix«) reist einem spanischen Dissidenten hinterher (der: tot). Die meisten Protagonisten sind Studenten. Und die Schweizerin Gertrud Leutenegger gewann den Preis der Jury für einen Text, in dem ein weißer Clown auf einem Fahrrad durch Zürich fährt (»Zürich oder Immer wieder ist Atlantis in Gefahr«) – Rosina Wachtmeister lässt grüßen.

Der Romanauszug von Helga Schütz spielt um 1960 in der noch jungen DDR. »Liebe Julia!«, schreibt die Mutter der Hauptfigur nach Potsdam, »Abitur, ja, was ist denn das für ein Beruf und bist du dann was gebessert als in der Baumschule? Inge Sohla hat eine schöne Stelle im Wasserwerk als selbständiger Betriebsgärtner. Du musst es ja wissen.«

Julia, als Kind mit den Eltern von Schlesien nach Sachsen gekommen, zieht vom sächsischen Dorf nach Potsdam, um statt Gärtnerlehre Abitur zu machen. Eigentlich will sie Sängerin werden, im Chor lernt sie Noten.

Sozialistische Nebenwirkung der Ausbildung: Mit zwei Mitschülern muss sie »ein Schiebernest« ausheben, den kleinen Laden einer Frau Reichelt. Deren Bild hängt später als Mahnmal am Konsum-Kaufhaus: »Legt den Schiebern und Spekulanten das Handwerk.« Julia zweifelt: »Liebe Frau Reichelt, bitte entschuldigen Sie, dass ich Sie ausgehoben habe. Punkt.« Später warnt Julia einen Lehrer, der ein Agent sein soll, denn »er hat sich von seinen Schwiegereltern ein Paar Schuhe kaufen lassen und war selber mit drüben im Westen bei Leiser, um die Schuhe zu probieren«. Außerdem wird ihm vorgeworfen, er habe ein Arbeiterkind »mit einer Fünf in Geschichte ausgestattet«.

Das ist sehr schön erzählt. Keine lästige Verliebtheit in die Figur, obwohl Helga Schütz ihr eigenes Leben abbildet. Gute Namen: Julia, Leupold, Ebert, Pagel. Verliebt in den Lehrer, Systemkritik, Schikane und Misstrauen: Alles drin. Interessieren würde mich, ob die Autorin Haue vom Staat dafür bekam. Ob Klagenfurt-Kandidaten vorher anmelden mussten, was sie zu lesen gedächten. Denn auch Plenzdorfs Text ist unfreundlich gegen den Arbeiter- und Bauernstaat. Beide protestierten 1976 gegen die Ausbürgerung Biermanns, ihre Texte wurden nicht alle im Osten gedruckt.

Am Ende Showdown im Schülerkino, Julia verlässt vor der Zeit die Aula und wird dabei gestellt. »Jetzt, in dieser schwierigen Lage, jetzt, wo die Partei nicht ein noch aus weiß, verlassen Sie eine sowjetische Filmvorführung. Wenn auch leise ... Mir fällt dazu nichts ein, außer dass es ein langweiliger Film war. Ich habe mich gelangweilt.«

Prädikat: Historisch wertvoll, das Erzählmodell »Ich ist der Autor« ist hier gelungen. Ich möchte das ganze Buch lesen.

Kunst oder Kacke?

An den ausfransenden Rändern der Literatur

> Die Genialität des Werks wird nur von seiner
> Scheißegalität übertroffen.
>
> Jan-Uwe Fitz/@Vergraemer via Twitter

Wenn es nur darum geht, nicht vor Langeweile zu sterben, ist uns mit einer gut gebauten englischen Familien-
geschichte, einem schlichten Bergdramabericht oder einem
Eifelkrimi ganz gut gedient. Aber wir haben ja auch irgendwann aufgehört, Kinderbücher zu lesen. So wie aus
Enid-Blyton-Büchern wächst man auch aus Herrenhaus-
schwarten heraus. Nach *Hanni und Nanni im Landschul-
heim* kamen die *Vorstadtkrokodile* (Behinderung, Ausgren-
zung, Lebensgefahr), dann stahl Hitler das rosa Kaninchen
(Nazis, Emigration), bald wurde das erste Mal geküsst oder
gemordet, dann der erste Sex, dann Hermann Hesse, dann
Kafka. So lesen wir uns von Buch zu Buch in andere Ge-
biete vor, auch solche, bei denen man sich mit der Machete
durch den Urwald der Sprache kämpfen muss. Wenn wir
schon ahnen können, dass der Oberarzt die Krankenschwes-
ter heiraten und der Held überleben wird, wird es fad, und

härterer Stoff muss her. Es beginnt uns anzuöden, wenn die Bergwelt mal wieder erhaben und der Hengst feurig ist, volle Lippen an geilen Weibern zu finden sind und Uhren stehen bleiben, wenn ihr Träger stirbt. Wir fangen an, uns über lahme Hengste und schmallippige Nymphomaninnen zu freuen. Über neue Wörter, seltsame Figuren, Überraschungen.

In diesem Kapitel geht es um Literatur an den ausfransenden Rändern der Kunst, die von unerträglicher Seichtigkeit bis zu unlesbarer Komplexität reichen. Es geht um Texte, deren Urheber es uns entweder zu leicht (Schund) oder zu schwer machen (Brainfuck), die mit billigen Lockmitteln versuchen, uns da abzuholen, wo wir stehen (Kitsch), oder gar keinen Wert darauf legen, dass wir etwas verstehen (Experiment). Mit allem anderen befasst sich dann der Rest des Buches.

Kitsch oder Kunst?

»Dat soll wat sein und is nix«, lautete die Definition meiner Tante für Kitsch. Oder: Kitsch ist die Darstellung von etwas Großem mit unzureichenden Mitteln. Dem Sonnenuntergang ist draußen am Strand gar nichts vorzuwerfen. Als Fototapete im Esszimmer stößt er an allen Zimmerecken an ästhetische Grenzen.

Dazu der Autor Reinhard Jirgl (in: *Bergauf beschleunigen*): »Kitsch bedeutet vor allem ein Zuviel: das Zuviel an Gefühl in der Metaphorik, das zu Weiche im Ausdruck, das gesucht Altertümelnde in der Wortwahl als einschmeichelnde Seligkeit oder das Vorspiegeln einer real unerlebbaren Emotionalität, was letztlich den Text verdirbt. Das bedeutet auf der einen Seite, dass auch zum Erkennen von Kitsch Bildung vonnöten ist; wer in seinem Leben nur wenige unterschiedliche Bücher kennt, der wird mit Sicherheit Kitsch ebenso wenig erkennen können wie Kunst. Andererseits bedeutet diese Auffassung von Kitsch, dass nur das von Menschen Gemachte kitschig sein kann, niemals aber die Natur oder das Leben selbst.« Kitsch ist also auch eine Frage der Menge und der Erfahrung: Wer noch nie einen Sonnenuntergang am Meer gesehen hat, wird mit der Fototapete ganz zufrieden sein, und der erste bis dritte Arztroman geht noch als Literatur durch.

Kitsch benutzt Klischees, Pawlow'sche Glöckchen: Gut dressiert wissen wir, dass unter weißen Haaren reiche Lebensweisheit steckt, der Obdachlose ein großes Herz hat und Kinder immer die Wahrheit sagen. Dass die meisten auf diese Reize so gut dressiert sind, spart dem Autor und den Lesern Zeit und lästiges Nachdenken. Aber Kitsch ist Seelenporno, feuchte Augen sind uns noch leichter zu bereiten als ein feuchter Schlüpfer. Manche müssen schon weinen, wenn die »Merci«-Werbung im Fernsehen läuft, und trotzdem würde sie niemand als »großes Kino« bezeichnen. Einmal durchschaut, merkt man aber zumindest, dass man unter Niveau weint. Wie oft kann das Glöckchen verheißungsvoll klingeln, bevor der Pawlow'sche Hund lernt, dass das Futter nicht kommt und er das Sabbern wieder einstellen kann?

Kitsch reduziert das Leben, die Welt und die Liebe auf eine leicht verständliche Grundversion. Es entsteht eine in sich geschlossene Kitsch-Welt-Geschichte, in der wir uns eine

Weile bequem einrichten können. Wir dürfen dabei nur nicht aus dem Fenster schauen. Denn dann merkten wir, dass die Kitsch-Welt eine arme, langweilige Welt ist, deren sprachliches und motivisches Mobiliar aus dem Kitschmittel-Katalog stammt. Der Blick ins Weite ist nicht vorgesehen; vorgesehen ist, dass der Leser das Programm einfach mitmacht und genau da mittrauert, -hofft, -schwärmt und -schwelgt, wo der Autor es vorsieht. Deshalb funktioniert Kitsch – genau wie Sex – auch nur, solange er dauert. Klappe zu, Affe tot, keine bösen Träume, keine Folgen.

Die Grenzen der Verständlichkeit – Experiment und Innovation

Anfang des Jahres 2008 hatten die Bachmannpreis-Organisatoren angekündigt, den 3sat-Preis von nun an für den »innovativsten« Text zu vergeben. Davon war dann beim Bewerb im Sommer keine Rede mehr. Womöglich hätte die Jury da den letzten Unfug auszeichnen müssen, wenn der nur irgendwie innovativ gewesen wäre. Und was soll das überhaupt sein, »innovativ«? Eine selbst gestrickte Rechtschreibreform, das Herumwerfen von Papier, die Benutzung von Maultrommeln (Bodo Hell, 3sat-Preis 2006), Stirnaufschlitzen oder »was mit Medien« zu machen, lebende Fische zu verspeisen oder 14 weiße Seiten vorzuschweigen? Mit weißen Seiten werden längst Bestseller gefüllt (»Moleskine«), das ist also nichts Neues, und Performance beim Lesen ist ein anderes Thema. Bleiben Stoff, Form und Sprache als Spielfeld für Neuerungen.

Lesen erfordert eine andere Hirnleistung als Musik zu hören oder Bilder anzuschauen. Musik erledigt sich durch Zeitablauf, bei Bildern können wir gleich wieder wegsehen. Literatur ist dagegen eine ziemliche Zumutung: Buchstaben zu Wörtern, Wörter zu Sätzen zusammenzubauen, Wörter in Sinn, Sinn in Bilder umzuwandeln. Man muss dabei nicht alles sofort verstehen. Es kann auch Spaß machen, wenn das Verstehen ein bisschen länger dauert, sonst würde ja niemand Rätsel lösen wollen. Das lässt sich auch wissenschaftlich erklären: »Auflösen der Irritation durch Verstehen wird vom Gehirn als Entlastung und somit als Wahrnehmungslust erlebt« (Hans-Dieter Gelfert in: *Was ist gute Literatur?*).

Die Dichterin Friederike Mayröcker sagte über ihre Arbeit (im Interview mit Volker Hage, *Spiegel* 43/2001): »Pures Experiment habe ich nur zu Beginn betrieben, 1971 habe ich aufgehört. Es war mir zu blöd … Ich kann überhaupt nicht verstehen, wie jemand dabei bleiben kann. Das macht Spaß, aber irgendwann muss man das hinter sich lassen.« Die Katze über die Tastatur laufen lassen oder Wörter nach außerliterarischen Prinzipien sortieren, das ist nur einmal originell, ab dem zweiten Mal wird es genauso belanglos wie Komponieren nach Zufallszahlen oder nach dem Telefonbuch. Experiment ist gut, weil es die Grenzen der Sprache erweitert, aber dann husch, husch ins Körbchen und weiter Geschichten erzählen.

Schon beim zweiten Bachmannwettbewerb 1978 kam die Jury an ihre Grenzen: Der österreichische Architekt Heidulf Gerngross las aus seinem »Volksbuch« vor, einen Text, für den »uns die Kriterien fehlen« (Marcel Reich-Ranicki). Der Autor gab damals an, neun Jahre an dem Text gearbeitet und das gesamte Material auf Lochkarten organisiert zu haben. Er könne nicht ausschließen, sagte Juror Adolf Muschg damals, dass sich in Zukunft Kriterien für diese Art Literatur entwickeln ließen. Zurzeit stünden sie nicht zur Verfügung.

Wenn der Leser Texte nicht versteht, dann kommen zwei als Schuldige infrage. Entweder der Autor hat sich nicht klar ausgedrückt oder der Leser taugt nicht. Gut: So wenig, wie man von einem Koch verlangen kann, auch noch für den letzten kartoffelallergischen Frutarier zu kochen, kann man von Autoren verlangen, dass sie Texte schreiben, die wirklich jeder Leser versteht. Der Autor sollte aber zumindest den gutwilligen Leser nicht verzweifeln lassen. Er sollte schon eine Möhrenangel mit Verständlichkeitsködern vor uns auswerfen, damit wir nicht nach 30 Seiten bockig stehen bleiben und lieber noch mal *Der Kolumbusfalter* lesen. Marcel Reich-Ranicki, ein bekannter Verfechter der Lesbar- und Unterhaltsamkeit von Texten, in *Der doppelte Boden*: »Nichts liegt mir ferner, als von den Schriftstellern fragwürdige Zugeständnisse zu verlangen. Nur möchte ich, dass die Autoren sich ein bisschen das Leben schwermachen, um es den Lesern zu erleichtern … Wozu sollte man dem Publikum das Verständnis eines literarischen Werks erschweren, wenn sich daraus nicht der geringste ästhetische oder intellektuelle Gewinn ergibt?«

Nach einem Lockmittel verlangte Iris Radisch 2004 in der Diskussion zu »Im Schaufenster im Frühling« von Melinda Nadj Abonji, einem Text, dessen Inhalt die Juroren nur mühsam und teilweise verstanden: »Ich weigere mich, an diesem Ratespiel teilzunehmen … Wenn ich nur durch höhere Kritiker-Arithmie diesem Rätsel auf die Spur kommen kann, sage ich ganz ehrlich: Ich bin zu faul dazu. Dafür müsste mich der Text verführen.« Ähnlich ging es ihrem Kollegen Klaus Nüchtern: »Ich sag halt nicht immer Geheimnis dazu, weil ich das nicht so toll finde, dass ich mich nicht auskenne. Aber dann kriege ich immer einen übergebraten und bin der kleine Depp, der schon wieder glaubt, mit so einem Realismus kommen zu können. Irgendwas muss mir der Text schon liefern, dass ich daraus etwas konstruieren kann, dass ich da was in der Hand habe.« Früher waren die Juroren da manchmal großzügiger. »Ich verstehe kein Wort, aber ich find's wunderbar«, sagte Marcel Reich-Ranicki einmal nach einer Lesung.

Wir lesen in der Regel nicht, um zu erfahren, wie rebellisch und erfinderisch der Autor mit Sprache umgehen kann. In erster Linie wollen wir interessante und originelle Geschichten lesen. Wenn die Form wichtiger ist als die Geschichte, entsteht verschwitzte Literatur, der die Kunstfertigkeit des Autors aus allen Poren trieft. Der Autor Uwe Johnson schrieb zur »Schwierigkeit« neuartiger Romane in *Ich überlege mir die Geschichte*: »Das Problem von Form und Inhalt darf nicht mehr sichtbar sein. Die Geschichte muss sich die Form auf den Leib gezogen haben. Die Form hat lediglich die Aufgabe, die Geschichte unbeschädigt zur Welt zu bringen. Sie darf vom Inhalt nicht mehr ablösbar sein.«

Fazit: Wenn die Form oder die Sprache eines Textes komplizierter ist, als die Geschichte es erfordert, wird es maneriert. Der Leser erfährt weniger über die Geschichte, dafür mehr über die Mühen des Autors.

Will man verstanden werden, ist das Einfachste, die Sprache so zu benutzen, wie man sie vorfindet: Wörter, die jeder versteht, zu nachvollziehbaren, grammatikalisch korrekten Sätzen sortiert. Zum Glück gibt es genug Kombinationsmöglichkeiten. Wenn die üblichen Formen dem Autor nicht mehr reichen, um seine Geschichte zu erzählen, sucht er neue. Das macht Spaß, wenn es passt. Arno Schmidt war ein Autor, der die Sprache als vielseitiges Bastelmaterial verwendete: »Alle Wortmatrizen sind weggeworfen; Substantiva paaren sich nicht mehr nach BGB mit Verben; kein Duden kommandiert; nur Rhythmus, untadelige Metapher, exakte erschöpfende Freimachung von bisher mit platten Wortbinden Umwickeltem; Konsonanten und Vokale stehen wieder zur beliebigen individuellen Verfügung.« So benutzte er Substantive als Verben (in: *Seelandschaft mit Pocahontas*): »Am Himmel entstand auch eine Heide. Ampferte still rot und grau. Wolken zogen ferne Waldstreifen. Man rosmarinte.«

Von Martin von Arndt stammt der kleine Roman *ego shooter*. Das ist eine Ich-Erzählung aus der Sicht eines Online-Spielers. Kleinschreibung, »&« statt »und«, so was nervt, wenn es nicht nötig ist, aber hier passt es: Der Held kommuniziert fast nur über Chat, da hat er sich angewöhnt, beim Tippen nicht viele Umstände zu machen. Das wirkt sich auf seine Denk- und Sprechweise aus. Zitat: »ich behaupte, dass die prähistorie erst in den 90er-Jahren aufgehört hat. erst seitdem nehmen wir unsere beziehungen für das, was sie sind. kayas bringshopping, 7 € zwischen tür und angel … alles davor war klettern, kauern nahe schwach beheizter herdstellen. kein fortschritt seit den aurignacien.«

Neue Wörter kommen dazu, mir gefielen vor allem »schluck-getunt« (Tabletten) und »voll bekisst« (Bett).

Kleinschreibung, ein paar erfundene Wörter, das ver-langt dem Leser noch nicht zu viel ab. Wenn sich Sätze auf-lösen, wird es schwieriger. So was passiert meistens, wenn die Hauptfigur nicht ganz bei Trost ist: Verwirrung, Hektik, Wahnsinn. 1980 las Bodo Kirchhoff in Klagenfurt den Text »An den Rand der Erschöpfung weiter«. Inhalt der Geschichte, soweit verstanden: Der Ich-Erzähler sitzt zwi-schen 23 Uhr und Mitternacht zu Hause am Telefon, stoff-wechselt und vermisst seinen Borsalino: »Auf einem ande-ren Fotod.. welches etwa hier hing.. gefähr dort hinten da, waren die Geschlechts.. zuteil.. gehörigkeit.. die erste Hö-rigkeit, die erste und die letzte.. Te Woche.. hatte ich noch meinen Hut.« Zunächst finde ich das alles unverständ-lich. Dann vermute ich: Das ist ein Hörspiel mit Mikrofon-aussetzern. Ich lese mir den Text laut vor. Sind die liegen-den Doppelpunkte Atemzeichen? Weiter: »Schweiß, Stuhl, Urin, Sperma, Tränen.. was darüber hinaus noch an Resten so anfällt, wie Haare, Fingernägel, Nasenschlacke, Schup-pen und und wieder kleine Hautpartikel von den Beinen.. sich über den Raum verteilen zu einem Polster, einer natür-lichen Isolation, einer Wärmedämmung, einem Humusbo-den, dem Schnittlauch und Radieschen gedeihen.. aller Vor-aussicht nach.. sogar Kartoffeln.« Ich bin mir nicht sicher, ob nicht sogar geschossen wird, aber inzwischen möchte ich es wirklich gerne herausfinden. Die Musik des Textes gefällt mir, die Lücken füllen sich beim Hören. Ich verstehe sogar, dass der Held am Ende seinen Borsalino wiederfindet. Schön, wenn der Leser hoffen kann, die Geschichte zu finden.

Spielerei mit Worten kann Spaß machen, wenn sie nicht zu lange dauert. Ein lautmalerisches Gedicht ist leichter zu ertragen als ein langes Prosastück, in dem außer schön klingenden Wörtern nicht viel passiert. Sobald der Leser das Prinzip durchschaut hat, müsste wieder etwas anderes kommen, Inhalt zum Beispiel. Oswald Egger las 2003 in Klagenfurt »Prosa, Proserpina, Prosa«. Ein Ausschnitt: »Beiszwind orgelt in Riedschilftromben, so toll, daß es fortan aperte. Wie Schneeverwehungen, alte, die nicht weiß sind, sollen Seepocken knospen. Und Schneeblindbeeren, die zerbersten werden, schlürften nach Luft und Flut. Jetzt taucht Asphalt eine Tonne auf (Schwemmfetzen walgen in Altöl), Naphthalin, undicht am Ponton vorbei, erpichte Tagsalmgarne x-beliebig übertarnt.« Das sind viele schöne Klänge, die eine Weile Spaß machen. Es geht aber etwa eine halbe Stunde so weiter. So sah Jurorin Daniela Strigl ein Problem in der Länge des Textes, durch die er »für den Leser Sterilität bekommen« könnte. Sie frage sich auch, »ob nicht diese Art der Herangehensweise zu einer poetischen Selbstbefriedigung werden kann«.

Ein gutes Beispiel dafür, wie mit Sprache gespielt werden kann, ohne dass die Geschichte verloren geht, ist Ulrich Plenzdorfs Text »kein runter kein fern« (Bachmannpreis 1978). Der Text spielt auf ein reales Ereignis an, da lässt sich leicht überprüfen, ob sich die nötigen Informationen aus der seltsamen Sprache noch herausfiltern lassen: »… er wird an leunas komputern und für den friedlichen sozialistischen deutschen staat arbeitn denn er hat ein festes ziel vor den augn dann feuerwerk dann MICK ICH weiß wo die stelle ist ubahn bis spittlmarkt ICH lauf bis alex dann linje a kloster grau märk mus weiß spittlmarkt vorne raus SPRINGERHAUS MICK und Jonn und Bill und die aufm dach EIKENNGETTNOSETTISFEKSCHIN rochorepochopipoar!« Das ist offensichtlich aus der Sicht eines Menschen geschrieben, der sich nicht mühelos ausdrücken kann. Die zunächst sperrige Sprache dieses Jungen passt zu seiner Verwirrung und zu der Menge der Eindrücke, die er kaum parallel verarbeiten kann: Menschenmenge, Parteiparolen aus Lautsprechern, Transparente.

Der Hintergrund: Im Herbst 1969 hatte der Westberliner RIAS in einer Rocksendung die Ente verbreitet, am 20. Gründungstag der DDR würden die Rolling Stones ein Konzert auf dem Dach des Springer-Hochhauses direkt an der Mauer geben. Viele Rockfans aus der DDR versuchten an dem Tag, zur Mauer durchzukommen. Es kam zu Zusammenstößen zwischen ihnen und der DDR-Polizei. Die nötigen Informationen erhält der Leser nach und nach. Die Jury in Klagenfurt fand die Geschichte toll, Marcel Reich-Ranicki hätte sich allerdings eine benutzerfreundlichere Ausstattung mit Satzzeichen gewünscht.

Die Grenzen des Geschmacks – Skandale und Aufreger

»Welcher Jüngling kann eine solche verfluchungswürdige Schrift lesen, ohne ein Pestgeschwür davon in seiner Seele zurück zu behalten, welches gewis zu seiner Zeit aufbrechen wird. Und keine Censur hindert den Druck solcher Lockspeisen des Satans? […] Ewiger Gott! Was für Zeiten hast du uns erleben lassen!«, schrieb Johann Melchior Goeze 1775. Es ging um Goethes *Die Leiden des jungen Werthers* von 1774. Suizid galt damals als zutiefst unmoralisch, über ihn zu schreiben war ein Skandal.

Zu jeder Zeit erregten Bücher durch ihren Inhalt Anstoß. Das geht auch heute noch. Offenbar gibt es also nicht nur formale, sondern auch inhaltliche Grenzen für Literatur. Heute geht es dabei meist um den Zusammenstoß mit der Realität in Enthüllungsbuch oder Schlüsselroman. Da geht es dann um Wahrheit oder Lüge, Verleumdung und Verletzung, oder um echte Menschen, die zum Ziel böser Romane werden, wie Marcel Reich-Ranicki in Martin Walsers *Tod eines Kritikers*.

Man sollte meinen, dass komplett erfundene Geschichten allein mit literarischen Kriterien zu beurteilen wären, es kann ja keine Opfer außerhalb des Textes geben. Trotzdem kommt es auch bei rein fiktionalen Romanen und Erzählungen gelegentlich zu großer Aufregung über den Inhalt. Das mag berechtigt sein bei Versuchen eines Autors, historische Tatsachen zu verfälschen, Opfer zu verhöhnen oder Randgruppen zu schmähen. Was ist aber, wenn die von ihm erfundenen Figuren böse sind? Fällt es automatisch auf den Autor zurück, wenn ein Protagonist schlimme Dinge tut oder sagt?

Bei Buchskandalen spielt die literarische Qualität in der Diskussion immer eine nachgeordnete Rolle, und mitunter geht die Unterscheidung von Autor und literarischer Figur dabei unter. Besonders schön lässt es sich dabei offenbar schimpfen über Geschichten, die man nicht gelesen hat, die man auch niemals lesen würde, weil sie so unanständig, eklig oder politisch unkorrekt sind.

Als der Rowohlt Verlag 2003 Thor Kunkels Nazi-Porno-Roman *Endstufe* nicht verlegen wollte, lief die Presse Amok. Die Frage, ob man so über Nazis schreiben dürfe, ob es wirklich eine »Sachsenwald Naturfilm GmbH« gegeben habe und ob das nicht alles schrecklich geschmacklos sei, wurde diskutiert, bevor der Roman erschienen war. Als das Buch wenig später von Eichborn herausgebracht wurde, ging es fast nur noch darum, ob das Buch gut oder schlecht geschrieben sei. Ein Verkaufserfolg wurde es nicht, anders als Jonathan Littells Buch *Die Wohlgesinnten*, das in Frankreich auf der Bestsellerliste stand. Littell erzählt praktisch die ganze Geschichte des »3. Reichs« aus der Sicht des SS-Mannes »Dr. Max Aue«. Noch bevor Ende Februar 2008 die Übersetzung im Handel war, ließ *Die Zeit* das Buch gleich von mehreren Mitarbeitern besprechen (08/2008). Ein dicker Roman mit einem Nazi als Identifikationsfigur, gehört sich das? Verherrlichung und Verharmlosung von Verbrechen, Geschmacklosigkeit und Gewalt fällt im besseren Fall auf die erfundenen Figuren zurück, im schlechteren auf den Verfasser. Das Buch an sich ist kein Verbrechen, denn es passiert nichts: Es sind nur Buchstaben, nur erfundene Geschichten! Wer sich einen Mord ausdenkt, vergießt kein echtes Blut. Hinweis: Für dieses Buch wurde kein Baby geschändet, kein Smegma geschlürft und kein Nazi verharmlost. Zwei Beispiele zeigen, wie Bücher zum Skandal gemacht werden:

Päderasten

1991 gewann Urs Allemann in Klagenfurt mit dem Text »Babyficker« den Preis des Landes Kärnten. In kurzen, teils unvollständigen Sätzen erklärt ein Mann: »Ich ficke Babys. Um mein Bett stehn Zainen. Es wimmelt von Babys darin. Alle da. Seit jeher. Für immer. Wie ich.« Noch während der halbstündigen Lesung verließ der Juror Roberto Cazzola das Studio. Für Juror Karl Corino war der Text »der stärkste Tobak, der mir je an Literatur … untergekommen ist«. Er sah ihn als »Psychogramm eines Kinderschänders« und vermutete, dass der Text ein Fall für ein Gericht sein könnte. Sigrid Löffler fand das übertrieben. Versuche, Literatur »dieser Art oder überhaupt pornografischer Natur vor den Kadi zu ziehen« würden »immer lächerlicher angesichts … zum Beispiel Videos, die ›Das Kettensägenmassaker von Texas‹« hießen. Stefan Richter fand den Text großartig. Ihn faszinierte die Möglichkeit, »mit Literatur solche Wirkung zu erzeugen, Ekelgefühl, Abgestoßensein, das Rausgehen, das alles mit reinem Text, weil wir uns offensichtlich vom Leben nicht mehr so beunruhigen lassen«.

Peter von Matt, der Allemann eingeladen hatte, vermutete eine »schauerliche Racheaktion an der Literatur«, bei der der Autor »die Literatur denunziert als ein Ereignis, wo alles geschehen kann, das Erhabenste und schlechthin Widerwärtigste, und alles eigentlich zuletzt Papier bleibt«. Anders als heute wurden übrigens 1991 die Autoren von den Juroren eingeladen, ohne dass die Texte vorher bekannt waren. Die Aufregung fand verzögert statt: Zuerst in Leserbriefschlachten in Kärnten, die auch einen landespolitischen Hintergrund gehabt haben mögen. Allemann hatte ja 100 000 österreichische Schillinge aus der Kasse des Landes Kärnten erhalten. Die Kärntner FPÖ-Opposition stellte zwei Monate nach der Preisvergabe den Antrag, das Preisgeld von Allemann zurückzufordern und die Jury auszuwechseln. Beides wurde abgelehnt, die Abgeordneten distanzierten sich aber mehrheitlich von der Preisvergabe. In Deutschland richtete sich der Zorn der Leserbriefschreiber vor allem gegen Hellmuth Karasek, damals Literaturredakteur beim *Spiegel*, der einen Teil des Textes abgedruckt hatte. Karasek verteidigte den Text auch dort (*Spiegel*, 28/1991): »(Ich ficke Babys) ist ein literarischer Satz und nicht etwa das Geständnis einer realen Tat. Und in die Literatur passt, zu ihrer Tradition gehört, dass sie Monstren gebiert, sich in Verbrecher einfühlt, die dunkelsten Seiten der Psyche auslotet.«

Ausscheidungen

Die 18-jährige Helen Memel liegt nach einer versehentlichen Selbstverletzung im Krankenhaus. Unter Schmerzen blickt sie zurück auf ihre Kindheit. Die Mutter quälte sie schon früh mit ihrer eigenen Hygieneobsession und ihrer Eifersucht. Als das Mädchen etwa fünf Jahre alt war, schnitt die Mutter ihm nachts die Wimpern ab. Einmal kam Helen aus der Grundschule nach Hause und konnte die Mutter und den kleinen Bruder im letzten Moment vor dem erweiterten Selbstmord per Gasherd retten. Die Tochter leidet seitdem an starken Verlassensängsten, schließlich wollte die

Mutter zwar den kleinen Bruder, nicht aber sie mit in den Tod nehmen. In der Pubertät entwickelt das Mädchen – als Gegenprogramm zu den überzogenen Hygienevorgaben der Mutter – eine starke Faszination für die Ausscheidungen ihres Körpers. Einigermaßen unbeschadet probiert sie alles aus, was nach den Predigten ihrer Mutter eigentlich zu Krankheit, Verderben und Tod führen müsste. Wie alle Scheidungskinder wünscht sie sich eine vollständige Familie zurück. Weil sie hofft, dass ihre Eltern am Krankenbett über die Sorge um ihre Tochter wieder zueinanderfinden, verletzt sie sich selber schwer. Die Elternzusammenführung klappt natürlich trotzdem nicht, aber immerhin findet die Hauptfigur am Ende selber zu einer normalen Liebesbeziehung. Das ist die Geschichte von *Feuchtgebiete* von Charlotte Roche. Eigentlich ein prima Jugendbuch-Plot, eine rührende kleine Geschichte – und der Buch-Aufreger des Jahres 2008. Es stand sieben Monate lang an der Spitze der Bestsellerliste. Bei Amazon gibt es über 1500 »Kundenrezensionen« zu dem Titel – viele von Leuten, die den Inhalt des Buches gar nicht kannten, so wie dieser Frau: »Habe dieses Buch meinem Mann zu Weihnachten geschenkt, weil er davon gesprochen hatte. Er fand es total langweilig und unappetitlich und hat es nicht zu Ende gelesen. Ich habe es daraufhin auch noch nicht gelesen.«

Was die Leute, die davon gehört oder das Buch sogar gelesen haben, so aufregen könnte, zeigt besser eine andere Inhaltsangabe (kulturnews.de, Stand 01. 03. 2010): »Nach einer missglückten Arschrasur liegt die 18-jährige Helen mit einer Analfissur im Krankenhaus. Sie nutzt die Tage auf der Station, um einen Plan zu schmieden, der ihre geschiedenen Eltern wieder zusammenbringen soll. Vor allem aber experimentiert sie mit allen Körperöffnungen, lebt ihre ganz eigenen Vorstellungen von Sexualität und Hygiene und irritiert damit den Krankenpfleger Robin. Hämorrhoiden, Analverkehr, Toilettenexperimente, ausgefallenere Masturbationsvarianten …« Es kommt halt auf die Empfindlichkeit des Lesers an. Die einen finden vor lauter Smegma die Geschichte gar nicht, die Abgebrühten können sich dann über die Qualität des Buchs Gedanken machen.

Bell&trietz-Tick-T-ächzt

aus: Lesemaschine.de

1991 las Hubert Konrad Frank »Café Wintergarten« (aus: *Baden-Dubel in den Weltstädten*).

Ich ahne vom ersten Satz an – »Armando-Ermanno! Itzo steh wohl dein Rest neben dein Werk-Gebüchere in der Bibbelteik von dein Schwester Klärli im Helfezzia-Städtgen« –, dass ich für den Text nicht gebildet genug bin. Blättere also in dem Buch, aus dem ich lese (*Klagenfurter Texte 1991*), regelwidrig vor zu den Pressestimmen und erfahre, dass Armando-Ermanno Schöllkopf-Burgero Hermann Burger ist, der sich 1989 in Schloss Brunegg im Aargau umgebracht hat. Ich erreiche japsend eine erste Verständnisinsel: »... & bewunder ich in mein mittler Lebensjahren lieber die Häuser Gewässer und Brücken des nordisch Venedig ...«

Übersetzung: Der Ich-Erzähler ist in Hamburg (»nordisch Venedig«). Ich verstehe weiter nur sehr wenig: fehlende Hermann-Burger-Kenntnis und quatschige Sprache. Eine Art Kunst-Badisch. So hat doch Hermann Burger nicht geschrieben, oder? Ich nehme mir eine Lesepause und recherchiere, wie viele Venedige des Nordens es gibt. Ich komme auf 35, darunter Außenseiter wie Hanoi, Bamberg und Srinagar in Kaschmir. Weiter im Text: »Deit ich Schön-Dagmar aus zwei Gründen. Ästens soll sein der Treff ein Form von Home-ash an dein Künstlich-Mutter-Gewerk das gewag freudianisch tiefbohrend Gotthard-stollen-Äh-Poss kakaneske hopschwyzerische das vorstell uns schwyzerisch-schwitzig Seelen-Roläckjohn-Herrzieh-Gebirgs-&Militärlandschaften klusive kipp ein Seitenblick bar-odien-artige auf Zauberbergskliniken & deren Äh-Possen.«

Die mühsam erschlossene Handlung: Der Ich-Erzähler, ein Journalist aus Baden, trifft sich in Hamburg im Café Winter-garten mit Dagmar Berghoff, um diese über ihre Verwendung in Hermann Burgers *Die künstliche Mutter* als Figur »Dagmar Dom« zu interviewen. Würden Sie mitlesen, wären Sie mir für diese Information dankbar, sie war nicht leicht zu erfiltern. Über Klagenfurt steht nichts drin, das wäre vielleicht zu meta-meta-meta – Gefahr schriller Rückkopplung.

Der Text ist offenbar nicht mit Gewinn zu lesen, wenn man den Hintergrund nicht kennt, ich habe das schnell nachgeholt. In Kürze: Hermann Burger veröffentlichte 1982 den Roman *Die künstliche Mutter*, aus dem er 1978 schon in Klagenfurt vorge-lesen hatte. *Die künstliche Mutter* handelt von einem Professor Schöllkopf, der Heilung von seltsamen Leiden sucht in Gösche-nen am Gotthardt. Er findet sie bei der »künstlichen Mutter«, die eine Art Dagmar Berghoff ist. 1986 hat Hermann Burger tatsächlich in Hamburg mit Dagmar Berghoff ein Interview ge-führt.

Kleines Glossar:
Home-ash – Hommage
Lebensdrecködien – Lebenstragödien
deit – Verabredung
Periwicke – Perücke

Kleinstburrrker-äh-piel – Kleinbürgererscheinungsbild
Putenräpblick – BRD
Bell&trietz-Tick-T-ächzt – belletristischer Text

Wertung: Für fortgeschrittene Leser mit guten Vorkenntnissen.
Die Jury (mit Vorkenntnissen) teilte Hubert Konrad Frank das
Stipendium der Kärntner Industrie zu.

Ich, Gott und die Anderen

Personal und Perspektive

> Weiß weiß ich doch nicht wie ich in diesen Plot
> geraten bin fragst Du mich
> Weiß weiß ich doch nicht wie ich in diesen Tag
> geraten bin frag ich mich
>
> PeterLicht, »Marketing« (Album *Melancholie und Gesellschaft*)

Das Leben, die Welt, die Liebe, die Vergangenheit, hohe
Berge, menschliche Abgründe – wenn wir lesen, wollen
wir nicht einfach erzählt bekommen, was wir selber erleben
oder erleben könnten. Es darf schon ein bisschen mehr
sein. Wie wäre das, jemanden zu entführen und über Jahre
im Keller einzusperren? Wie wäre es, verrückt zu sein oder
taubstumm oder reich? Zu dritt das grönländische Inlandeis zu durchqueren? Eine seltsame Krankheit zu haben?
Oder einfach nur: Die Dinge ganz anders zu sehen? Aus
Büchern wollen wir mehr über die Welt und ihre Bewohner erfahren, als durch unsere eigenen Augen und Ohren
hereinkommt. Entweder durch Figuren, die etwas anderes
sehen und hören als wir, oder von Erzählern, die einen besseren Überblick haben, weil sie die Welt aus größerer Ent-

fernung betrachten. In diesem Kapitel geht es darum, wie die Leute in die Bücher kommen. Die Leute, über die erzählt wird, und die Leute, die uns etwas erzählen.

Wie kommt der Mensch ins Buch?

Keine literarische Figur ist ganz und gar erfunden. Der Autor wird immer mischen: Freunde, Verwandte, Lehrer, Kollegen, Film- und Fernsehgestalten und die Helden aus anderen Büchern. Dazu etwas von sich selbst, seine Fantasie und seine Vorstellung davon, wie Leute sein sollten. In welchem Verhältnis der Autor seine Helden mischt, das reicht vom Blick in den Spiegel bis zur Methode Frankenstein, der Neuschöpfung einer Kunstfigur unter Verwendung von menschlichen Teilen.

Ich ist der Autor oder wie der Autor gerne wäre

Es gibt zwei Arten von Ich-Texten, die »Ich ist der Autor«-Texte und die »Ich ist ein Anderer«-Texte: Beispiel für die erste: *Montauk* – Max Frisch ist Max Frisch. Für die zweite: *Moby Dick* – Call-me-Ismael ist nicht Melville. Hier geht es um die erste Kategorie. Es ist viel Ich, viel Künstlerdasein, viel eigenes Erleben und wenig Abstand in der neueren Literatur. Es ist aber leider nicht so, dass man, was man von innen erlebt, automatisch besonders gut nach außen tragen kann. Man kann sich ja nicht einmal selber ins Gesicht sehen ohne Hilfsmittel.

Wenn der Autor sich selber in den Mittelpunkt stellt, kann er beim Leser nicht unbedingt auf Aufmerksamkeit hoffen. Was ein Autor erlebt, ist nämlich nicht per se spannender als das, was der Leser selber erlebt. Der verlässt sein Haus vielleicht sogar öfter und trifft dabei auf mehr Menschen als so ein Autor (Siehe auch »Das A–Z der Stoffe, Literaturbetrieb«). Und ein bisschen größenwahnsinnig ist es schon, sich selber für so viel interessanter zu halten als all die Figuren, die draußen vor der Tür darauf warten, erfunden zu werden. Das größte Hindernis zwischen Selbstdarstellung und großer Literatur dürfte die allzu große Rücksichtnahme auf sich selbst sein. Erst wer auch das Allerpeinlichste in Worte fassen kann, kann darüber nachdenken, ob er über sich selber schreiben will. Dann reicht es, wenn er das Zweit- oder Drittpeinlichste berichtet.

Dazu müsste der Autor mit solcher Rücksichtslosigkeit über sich berichten, dass er sich auch erfunden haben könnte. Das gelingt zum Beispiel Thomas Glavinic mit *Das bin doch ich*. Der gelbgrün strahlende Neid auf den erfolgreicheren Freund Daniel Kehlmann, Hypochondrie, Anflüge von Größenwahn und der zunehmende Selbsthass, der den Ich-Erzähler überkommt, weil er es von Tag zu Tag nicht schafft, woanders essen zu gehen als bei dem immer gleichen Inder am Naschmarkt: Es spricht für die Geschichte, wenn man dem Autor wünscht, er möge mit seiner Figur nicht wirklich identisch sein.

Die Kategorie »Ich ist der Autor« franst am Rand schon mal aus nach »Ich ist der Autor, wie er gerne wäre«. 2004 las die erst 20-jährige Autorin Susanne Heinrich in Klagenfurt »Die Frage, wer anfängt«. Etwa 350-mal auf 14 Seiten ich-t, mich-t und mein-t es da, so viel 1. Person ist selten. Leiser Verdacht: Das »Ich« dieses Textes könnte so eines sein, das sich das Künstler-Ich der Autorin erträumt. Inhalt: »Ich« ist Luna. Luna wohnt mit Leander zusammen, fickt aber nicht mit ihm, sondern neuerdings mit Mirko. Nach ein paar Malen merkt sie, dass sie sich doch lieber in Leander verlieben will. Luna hat einen glitzy Beruf (Schauspielerin). Luna ist total faszinierend, das sagt ihr einer, »der bis zwei Stunden nach der Vorstellung auf mich gewartet hat, um … mir zu sagen, wie faszinierend er mich findet …«. Sie ist sehr ernst und reif (»Wir sind tief und kompliziert heute morgen …«). Die ernsten und reifen Figuren haben poetische Namen, man hört Piazzolla und Sinatra und geht eher nachts raus.

Ein Text, der mit »wir rauchten beim Ficken« beginne, könne kein wirklich schlechter Text sein, fand Jurorin Iris Radisch und warf dann einen eher mütterlichen Blick auf Text und Autorin: »Das ist ein sehr jugendliches Gefühl, dass man glaubt, die Welt müsste irgendetwas mit einem zu tun haben … ›Die Stadt hat nichts mit mir zu tun‹, na ja, da würde ich als Therapeutin sagen: Vielleicht muss man den Anspruch mal ändern, warum muss es denn etwas mit einem zu tun haben?« Wäre der Text von einem alten Mann geschrieben worden, wäre er vielleicht als Rollenprosa (»Ich ist eine andere«) für die treffende Einfühlung in das jugendliche Lebensgefühl gelobt worden.

Wenn wir den Autor/die Autorin nicht persönlich kennen, wissen wir natürlich nicht, wie viel Autor-Ich in so einer Figur ist. Es gibt aber Indizien für einen hohen Ich-

Anteil, zum Beispiel, dass »Ich« nur so Lala-Schwächen hat, kokette Fehlerchen, wie »Ich bin halt kompliziert/bisschen chaotisch/bindungsunfähig/kann mich nicht entscheiden«. Oder solche, die man sich fürs Bewerbungsgespräch ausdenkt, weil die Frage immer kommt und man eine unschädliche Antwort parat haben muss: »Ich bin zu ungeduldig«, »Ich bin zu perfektionistisch«. Schwächen, die der Schreiber wahrscheinlich selber für liebenswerte Stärkchen hält. Wenn der Autor zu nachsichtig ist mit seiner Figur, könnte er sich selber meinen. Der Text leidet unter solcher Milde.

Wer unbedingt selbst in seinem Buch auftreten will, muss nicht gleich die Hauptrolle spielen. Vielleicht reicht es ja, mit zwei Terriern eine Tierhandlung zu verlassen, wie es Alfred Hitchcock in *Die Vögel* macht. So ein Cameo-Auftritt ist ein netter Gruß für Freunde und Verwandte des Autors. Der österreichische Autor Clemens J. Setz taucht so in seinem Roman *Die Frequenzen*, der 2009 für den Deutschen Buchpreis nominiert war, am Ende als Hochzeitsgast auf: »Ein junger, ernster Mann mit Brille. Er fühlte sich auf Hochzeiten nie wohl, da sie ihn an Kinderkriegen und das uralte Elementarproblem von Vater und Sohn erinnerten, über das er so lange nachgedacht hatte, bis er schließlich einen quirlig-verzweifelten Roman darüber geschrieben hatte.«

Mehr und weniger Bekannte

Wenn der Autor sich selber zur Hauptfigur macht, riskiert er, dass die Leser zusammen mit seinem Text auch gleich ihn als Person doof finden könnten. Andere Leute, die er ungefragt in seine Geschichte hineinzieht, dürfen das nicht einmal selber entscheiden. Das können näher bekannte Freunde oder Verwandte des Autors sein oder von Ferne bekannte Prominente. Manchmal treten diese Figuren dann wieder als echte Menschen aus dem Buch heraus und wehren sich. Die zahlreichen Verflossenen von Max Frisch reagierten auf *Montauk* öffentlich beleidigt. Das Buch *Esra* von Maxim Biller wurde wegen der Verletzung der Persönlichkeitsrechte von »Esra«, ihrer Mutter und ihrer Tochter kurz nach Erscheinen verboten. Die Gerichte wägen im Einzelfall Kunstfreiheit und Persönlichkeitsrecht nach der »Je-desto-Formel« ab: Je stärker Persönlichkeitsrechte betroffen sind, desto stärker muss fiktionalisiert werden. Das Grundgesetz gibt keine Hierarchie vor. Hier geht es aber nicht um juristische Fragen, sondern darum, was es für den Leser bedeutet, wenn er unfreiwillig zum Zeugen wird beim Waschen schmutziger Wäsche.

Im Jahr 2000 las Birgit Kempker in Klagenfurt den Text »Was habe ich in Meppen zu suchen?«. Die Vorgeschichte: 1998 hatte Birgit Kempker in dem Buch *Als ich das erste Mal mit einem Jungen im Bett lag* 300-mal besagten »Jungen« mit Vor- und Nachnamen genannt. Es muss ein putziger poesietauglicher Name mit etwas Natur drin gewesen sein, nennen wir ihn Benjamin Blümchen. Ein Benjamin Blümchen war von seinem Chef auf das Buch angesprochen worden und verklagte Frau Kempker daraufhin vor dem Landgericht Essen. Er bekam recht: Die Auflage musste eingestampft werden. Der Kläger hatte nämlich wirklich schon mal mit Frau Kempker im Bett gelegen und fand im Buch außer seinem Namen auch weitere Hinweise darauf, dass er gemeint war. Es gab in den Feuilletons die übliche Diskussion über das Verhältnis von Kunstfreiheit und Persönlichkeitsrecht. Die einen schrien »Zensur!« und »Kunstvernichtung!« und »Poesie darf alles!«, die anderen »Indiskretion!« und »Persönlichkeitsrecht«. »Was habe ich in Meppen zu suchen?« war die literarische Antwort der Autorin auf den Prozess.

Zitat: »Als ich das erste Mal Deckwort Deckwort Deckwort im Bett lag, war's das Tabu. Tabula rasa, im Namen des Volkes, es darf nicht zu lesen sein. Mein Kläger greift schwer in mich ein.« Der damalige Juryvorsitzende Robert Schindel sah sich von der Autorin vereinnahmt. Er lese »viel Denunziation der anderen Seite« in dem Text und wollte zu den literarischen Qualitäten des Textes gar nichts sagen: »Ich hasse ehrlich gestanden nichts mehr, als immer mit außerliterarischen Themen arbeiten zu müssen.« Hardy Ruoss, der Frau Kempker eingeladen hatte, war dagegen der Meinung, man müsse Wirklichkeit und Literatur professionell trennen können. Iris Radisch und Ulrike Längle kannten den Fall gar nicht oder hatten ihn schon wieder vergessen und gaben an, die Geschichte deshalb »überhaupt nicht verstanden« zu haben.

Wir Leser sind bei solchen Geschichten genau wie die Jury in Klagenfurt in der Klemme: Entweder wir haben keine Ahnung von der Vorgeschichte, dann bleiben wir sowieso ausgeschlossen. Oder wir kennen die Geschichte, dann verzweigt es sich: Entweder wir trotten dem Erzähler willenlos nickend hinterher oder wir ärgern uns wie Robert Schindel über die Vereinnahmung. Unser Vorwissen auf Kommando vergessen können wir nicht. Burkhard Spinnen dazu: »Es gibt eine Geschichte, da sagt jemand: Im Garten ist ein Schatz, den musst du um Mitternacht heben, hinter der alten Eiche, du darfst aber dabei nicht an ein Krokodil denken, sonst findest du ihn nicht.« Am Ende könnte uns der Gegenspieler sympathischer sein als der Autor.

Fazit: Der Einfall von echten Menschen in literarische Texte birgt Unannehmlichkeiten und Gefahren. Das Risiko von Denunziation der anderen Seite und geschönter Selbstdarstellung ist groß. Der Autor bringt uns in eine Situation, in der wir mehr erfahren, als wir vielleicht wollen. Und wenn wir in Büchern stellvertretend für uns selber leiden und erleben lassen wollen, dann wollen wir viel lieber erfundenen als echten Versehrten zusehen.

Der Autor lernt seine Figuren kennen

Will der Autor die Risiken meiden, die mit dem Schreiben über noch lebende Personen verbunden sind, nimmt er halt solche, die sich nicht oder nicht mehr wehren können: Historische oder erfundene Figuren Der Seemann John Franklin (*Die Entdeckung der Langsamkeit*, Sten Nadolny), Alexander von Humboldt (*Die Vermessung der Welt*, Daniel Kehlmann) und Heinrich Hertz (*Die Entdeckung des Lichts*, Ralf Bönt) werden keine Gegendarstellungen fordern, wenn jemand nachträglich ihr Leben erklärt. Solche Figuren sind für Autoren mindestens so brauchbar wie erfundene.

Für historische wie für erfundene Figuren gilt: Der Autor sollte sehr viel mehr über die Figur wissen, als er später über sie erzählt. Am besten auch mehr, als er über seine Freunde, Eltern und Kollegen weiß. Die eigenen Bekannten und Verwandten muss man nehmen, wie man sie vorfindet. Wieso sie so geworden sind, wie sie sind, wird man im Einzelnen sowieso nicht herausfinden. Die erfundene Figur kann der Autor viel gründlicher ausquetschen und analysieren. Dann wird sie sich auch im Buch überzeugend verhalten. Das gilt nicht nur für die Identifikationsfigur, den Helden, sondern auch für die Nebenrollen: Gute Geschichten entstehen nur, wenn die Hauptfigur auch ernst zu nehmende Mitspieler, vor allem ernst zu nehmende Gegner hat. Wenn der Nebenbuhler ein tumber Tor ist, wissen wir doch schon am Anfang, dass die Braut ihn am Ende für den Helden verlassen wird. Der Autor Sten Nadolny dazu in: *Das Erzählen und die guten Absichten*: »Wenn bestimmte Figuren die Guten und Unschuldigen zu sein haben, andere die Bösen, Schlechten, Niedrigdenkenden und Verräter: Solche Geschichten werden dann didaktisch, fade, vorhersehbar. Die Figuren, die Menschen, die da vorkommen, sind eher Exempel, sie leben nicht.«

Praxistipp für Autoren: Lassen Sie Ihre Figur Fragebögen ausfüllen, wie etwa den »Fragebogen« von Max Frisch (zum Beispiel »I.25. Möchten Sie lieber gestorben sein oder noch eine Zeit leben als ein gesundes Tier? Und als welches?«) oder ein paar Kapitel des umfassenden *Fragebuchs* von Krogerus und Tschäppeler (etwa »No. 262: Haben Sie jemals

das Tagebuch oder die E-Mails Ihres Partners gelesen?« und
»No. 339: Wen hätten Sie lieber als Mutter und Vater an-
stelle Ihrer leiblichen Eltern?«).

Eine Frage der Perspektive:
Wer erzählt und von wo aus sieht er zu?

Über einen wird erzählt, und einer erzählt. Ein Dritter schreibt,
das ist der Autor. Wie die drei sich zueinander verhalten
und wie viele sie wirklich sind, ist eine Frage der Erzählperspektive. Mal sieht der Erzähler wie Gott auf das Geschehen herunter, weiß alles und manchmal auch alles besser. Er
kann neutral bleiben und nur berichten oder eigenen Senf
dazugeben, das ist eine Frage seiner Charakterstärke. Ein
anderer Erzähler, der personale Erzähler oder der Ich-Erzähler, begibt sich in eine Figur ganz hinein und erzählt
nur das, was der Held sehen, hören und wissen kann. Oder
mehrere Erzähler berichten, was sie erlebt haben, bis daraus
eine Geschichte entsteht.

Es gibt dicke Bücher darüber, welche Wirkung mit welcher Erzählweise am besten zu erzielen ist. Damit sollten
sich Autoren befassen. Es passieren so leicht Unfälle, plötzlich wird da Gott weiß was erzählt, wo wir doch eben noch
im Kopf der Hauptperson unterwegs waren, die das gar
nicht wissen kann. Auch ob die Geschichte in der Ich-Form,
der Wir-Form, der Er-Sie-Es-Form erzählt ist, soll uns hier
nur am Rande beschäftigen. Hauptsache, der Autor lässt
ahnen, dass er einen guten Grund für seine Wahl hat, und
hält sie dann auch konsequent durch. Denn wenn bei der

Erzählperspektive etwas kaputt ist, merkt es der Leser sofort – auch wenn er nicht immer gleich erkennt, was genau kaputt ist. Hier sollen nur beispielhaft ein paar bekannte Gefahrenstellen markiert werden.

Ich ist ein Anderer: Rollenprosa

Bei der Innen-Perspektive erfährt der Leser nur das, was die Figur denkt und wahrnehmen kann. Das kann in der Ich-Form stehen, muss aber nicht. Manchmal ist es »er«, manchmal »sie« und sehr selten sogar »du«. Der Autor muss eigentlich nur aufpassen, dass er nicht aus Versehen etwas erzählt, was hinter dem Rücken seiner Figur passiert. Ein unfallträchtiges Modell ist die sogenannte Rollenprosa, das ist Ich-Erzählung, bei der der Ich-Erzähler erkennbar jemand anderes ist als der Autor. Erkennbar zum Beispiel, weil der Ich-Erzähler alt ist, der Autor jung. Oder weil die Ich-Erzählerin eine Frau ist, der Autor aber ein Mann. Oder der Ich-Erzähler steht bei VW am Montageband, der Autor aber ist, nun, Autor eben. Der Autor muss sich genau die Sprache aneignen, die zu dieser Figur passt. Es gibt zwei Kategorien von Rollenprosa: Gelungene Rollenprosa und misslungene Rollenprosa.

Ein Risiko ist, dass das Rollenspiel vom Leser nicht erkannt wird, dass Figur und Autor verwechselt werden. Unbeholfene Sprache und dusselige Ansichten sind bei der Rollenprosa Sprache und Ansichten der Figur. Das ist praktisch für den Autor, er entscheidet beim Ausdenken der Figur über den erforderlichen Grad an Brillanz und Vernunft. Dumm nur, wenn er nicht dick genug aufträgt: Dann könnten Unbeholfenheit und Dusseligkeit auf den Autor zurückfallen.

Eine andere Gefahr ist, dass der Autor es besser weiß als die Figur: Bei der Sicht aus dem Inneren der Figur muss er sich bescheiden mit dem, was die Figur sieht und was sie ausdrücken kann. Dabei gibt es doch so viel zu erzählen! Gerade bei simpel angelegten Rollen ist der Reiz für den Autor groß, der Figur auch mal reinzuplappern. Das macht aber die Figur unglaubwürdig und ist verboten. »Wenn ich Leutnant Gustl schreibe, muss ich Leutnant Gustl bleiben«, sagte Norbert Miller einmal in einer Jurydiskussion.

Der Schweizer Pedro Lenz las 2008 in Klagenfurt »Inland« aus der Sicht eines Mannes, der geistig nicht ganz auf der Höhe ist: »Gut, gut, gut, gut, es gibt einige, die behaupten, ich könne mich schlecht konzentrieren, aber die haben keine Ahnung, haben von nichts eine Ahnung.« Er berichtet aus der Schulzeit, der Ton passt meistens ziemlich gut: Kurze Sätze, Erzählton, die Umgangssprache eines ehemaligen Sonderschülers. Und plötzlich fällt unangenehm auf, wie gut der die indirekte Rede beherrscht: »Wenig später hieß es, es sei Krebs«, und dann gerät er kurz ins Reflektieren: »Kleine Kinder und Katzen brauchen keine Erinnerung, weil ihnen alles, was schon gewesen ist, vollkommen gleichgültig sein kann.«

Opfer des guten Willens

Wenn ein Autor sich zum Sprachrohr macht für die Geknechteten und Missachteten dieser Welt, dann ist die Gefahr groß, dass er dabei eine Von-oben-herab-Perspektive einnimmt. Das ist eine Frage der Haltung des Erzählers, oder hier wohl wirklich: des Autors zur Figur.

Beliebtes Angriffsziel für literarischen Altruismus sind Alte und Kranke. Alter ist ein gesellschaftliches und ein persönliches Thema. Früher, also richtig früher, war man vor Erreichen der Midlife-Crisis schon tot, etwas weniger früher hatte die Oma noch einen Platz zum Kartoffelschälen oder wurde irgendeiner Tante untergeschoben. Inzwischen werden die eigenen Eltern alt und bald auch man selbst. Statistisch werden wir und unsere Eltern sehr lange alt sein, eine nicht ausschließlich angenehme Perspektive. Andererseits sind die Alten auch wieder nicht mehr so alt wie früher: Die legen viel mehr Wert darauf herumzureisen, Sport zu machen, schick auszusehen als die Alten von früher. Entsprechend größer ist die Angst vor dem körperlichen Ende des Herumreisens und Schickaussehens. Probehalber kann man schon mal literarisch das Altsein proben, Gelegenheit gibt es genug.

Eine säuerliche Faustregel auf wackliger statistischer Grundlage: Je jugendlicher der Autor ist, desto eher misslingt ihm die Einfühlung in Alte, Kranke und Behinderte, Randgruppen. Man kann mit 25 nicht wissen, ob man mit 72 wirklich sterben will, nur weil man nicht mehr Auto fahren darf, inkontinent ist oder aus den käsigen Stellen zwischen den Bauchfalten riecht. Man kann auch nicht wissen, ob der Randgruppenangehörige wirklich in jedem Augenblick seines Lebens darunter leidet, einer Randgruppe anzugehören. Und – falls er leidet – ob er nicht auf ganz andere Art leidet, als der Autor es ihm mit-leidet. Es ist ein schmaler Grat zwischen echtem Mitgefühl und Wohlmeinen von oben herab.

Ein wissenschaftlich untersuchtes Beispiel findet sich in einer Studie über »Depression und Lebensqualität von Patienten mit amyotropher Lateralsklerose«: Dort wird auf das Problem hingewiesen, dass Ärzte und Angehörige oft Entscheidungen über Leben oder Tod von Kranken treffen, ohne sich vorstellen zu können, wie es dem Kranken wirklich geht. Die Vorstellungen über diese »subjektive Lebensqualität« seien bei Gesunden überwiegend falsch: »In mehreren Untersuchungen berichteten ALS-Patienten über eine zum Teil erstaunlich hohe subjektiv empfundene Lebensqualität trotz ihrer starken physischen Einschränkungen … In der vorliegenden Studie wurde sogar die subjektive Lebensqualität im Verlauf der Erkrankung höher, je größer das Ausmaß an körperlicher Beeinträchtigung war« (Quelle: *Deutsches Ärzteblatt*).

Ob die Erde ein Jammertal ist, hat also nichts damit zu tun, ob der Körper noch den Anforderungen genügt. Nicht einmal damit, ob der Geist noch den Anforderungen genügt. Das Glück ist mit den Maßstäben des Betroffenen zu messen, und dann reicht dem Dementen eben das Wurstweckle für einen guten Tag.

Fehlenden Respekt vor seiner Figur warfen mehrere Juroren im Jahr 2007 dem Autor Björn Kern vor. Die Hauptfigur seines Textes »Eine halbe Stunde noch« ist die fast

100-jährige demente Elsa Lindström. Iris Radisch: »Der Text kokettiert mit diesen gebrauchten Slips und mit den auseinandergerissenen Gesäßbacken, wo dann die Luft entströmt. Dass das bei alten Menschen so ist – ja so blöd sind wir nicht, dass wir das nicht wissen.« Hier werde Literatur erzeugt auf Kosten des Opfers. Ähnlich sah es Ursula März: »Am Anfang wird sie zu einer lächerlichen Figur … Sie stemmte sich aus dem Stuhl, ihr Gebiss klapperte, das sind so die prototypischsten Dinge, die man über alte Leute sagen kann, die körperlich gebrechlich sind: dass sie wackeln, dass sie nicht mehr aus dem Stuhl kommen und dass ihr Gebiss klappert.«

Die Welt von unten: Aus der Sicht des Kindes

Kinder blicken anders auf die Welt als Erwachsene. Sie sehen sie aus der Mitte ihrer eigenen kleinen Lebenswirklichkeit heraus (Familie, Schule, Viertel) gleichsam von unten. Kind war jeder mal, damit müsste sich also jeder Autor auskennen. Rollenprosa aus der Kinderperspektive scheint einfacher zu schreiben als solche aus der Greisenperspektive, schließlich war man ja noch nie alt, wenn man es nicht schon ist. Juryvorsitzende Iris Radisch erklärte im Jahr 2004 die möglichen Funktionen der Kinderperspektive: »Erstens: Eine inszenierte Naivität kann die Welt anders aufschließen als eine allwissende Perspektive. Man kann sie zweitens brauchen, um eine vergangene Zeit auferstehen zu lassen. Und man braucht sie drittens, das ist der häufigste Fall, um ein gewisses Ohnmachtsgefühl nachzuinszenieren oder auszukosten, das aber eigentlich das Ohnmachtsgefühl der erwachsenen Autoren dieser Welt gegenüber ist.« (Diskussion zum Text »Das halbe Leben« von Roswitha Haring.)

»Kinder finden eigentlich alles normal, außer man nimmt ihnen ihre Eltern weg oder sie sind selber verletzt«, sagte Juror Martin Ebel 2005 in der Diskussion um einen Text, in dem der Krieg in Ex-Jugoslawien aus der Sicht eines Kindes geschildert wurde (»Wie der Soldat das Grammofon repariert« von Saša Stanišić). Darin liegt die erste Schwierigkeit beim Schreiben aus Kindersicht: Kinder werten nicht, sie nehmen die Dinge erst mal so hin, wie sie sie erleben, und sie wollen meistens, dass alles genau so bleibt, wie es gerade ist. Wenn aus der Sicht eines halbwegs realistischen Kindes geschrieben werden soll, dann ist diese Sicht eine sehr begrenzte. Will der Autor mehr erzählen, als das Kind sehen und werten kann, muss er sich was einfallen lassen. Saša Stanišić hat das Ausschnittproblem zum Beispiel gelöst, indem er sein Ich-Kind Rundfunkmeldungen und das Gerede der Erwachsenen zitieren lässt. Über solche Zitate kann dann auch das Kind als Ich-Erzähler über Dinge berichten, die es selber nicht versteht.

Natürlich kann der Autor ein weises, sensibles Kind erfinden. Er sollte aber redlich bleiben und wissen, dass er das Kind damit überstrapaziert. Es ist ja irgendwie schick, Kindern besondere Fähigkeiten zuzuschreiben und sie als die besseren Erwachsenen auftreten zu lassen, wie Herbert Grönemeyer in dem Lied »Kinder an die Macht«. Diese Kinder stellen immer die richtigen Fragen im richtigen Moment, halten den Erwachsenen irgendwelche Spiegel vor, sind unverdorben und ohne Sünde. Aber wer eine halbwegs realistische Kindersicht möchte, muss zugeben: Nur wenn Kinder auch grausam, egoistisch und kleingeistig sind, sind sie glaubwürdige Kinder. So trat auch Arno Schmidt in: *Der Platz, an dem ich schreibe* für einen unsentimentalen literarischen Umgang mit Kindern ein: »A propos Aufmärsche : wie wäre das : ›Kinderheere‹ ? ! Kinder sind waghalsig, gelenkig=geschmeidig; intolerant, da ohne Erfahrung und Verständnis, und ganz leicht zu fanatisieren; kennen auch keine Gefahr; sind unbekannt mit den Lebensgenüssen, geschlechtlich ohnehin Neutra, die Mädchen A=Mazonen in jedem Sinne : und der Gegner würde wahrscheinlich noch zutraulich = mitleidig !«

Die verschobene Sicht: Narren und Verrückte

Das Schreiben aus der Sicht von Verrückten ist praktisch: Es gibt so viele Arten von geistigen und seelischen Störungen, dass der Autor sich seinen Verrückten so erfinden kann, wie er ihn gerade braucht. Die Autorin Sibylle Lewitscharoff hat das 1998 mit »Pong« gezeigt und dafür den Bachmannpreis erhalten. Die Jury war verzückt, zum einen von der besonderen Sprache, zum anderen vom respektvollen Umgang mit der Hauptfigur Pong. Pong wird dargestellt als ein Mensch, der alles, was er sieht, auch, was er liest, auf sich bezieht und in seine eigene Sprache übersetzt. Juror Hardy Ruoss: »Es wird nirgends auch nur andeutungsweise gekalauert. Am Schluss merke ich, dass ich mit diesem Pong, den ich nicht kenne, einen regen Elektrisieraustausch hatte, und dass sich einmal mehr Robert Walsers Diktum bewahrheitet hat: ›Die Unbrauchbaren sind oft viel brauchbarer als die Brauchbaren.‹«

Auch hier gilt aber: Der Verrückte sollte nicht ausgenutzt und nicht lächerlich gemacht werden. Wird auf bekannte Störungsbilder zurückgegriffen, sollten diese schon wirklichkeitsnah gehandhabt werden, sonst ist es beleidigend für die, die mit solchen Krankheiten oder ihren Inhabern umgehen müssen.

Aufzucht und Ausbildung der Figur

Einmal in die Welt gesetzt, muss der Autor für die Figur sorgen: Die Figur hat irgendeine Vergangenheit, Herkunft, Beruf, einen Namen. Der Leser muss nicht alles darüber erfahren, aber er sollte es wenigstens ahnen können. Kein Mensch ist eine Insel, und selbst wer vom Himmel gefallen ist, bringt von dort Erfahrungen und Voraussetzungen mit, eine Kindheit, einen Körper, einen Sturz. Was wünschen sich die Leser von einer Figur? Ich habe Freunde befragt, welche literarischen Figuren sich ihnen besonders eingeprägt haben. Aus den Antworten:

»Sydney Carton aus *A Tale of Two Cities* von Dickens (Schullektüre) konnte ich nie vergessen, die einzige literarische Figur, in die ich mich ernsthaft verliebt habe. Ich fand ihn tatsächlich sexy. Soweit ich mich erinnere, war er Doppelgänger eines feinen adligen Herren, die beiden liebten dieselbe Frau, und Carton gab am Schluss sein Leben, damit die anderen beiden zusammen sein konnten. Natürlich war er ein melancholischer Trunkenbold, was sonst?« (Ulrike Sterblich).

»Eberhard Mock aus der Breslau-Krimi-Pentalogie von Marek Krajewski. Brillanter Polizist, unfähiger Mensch« (Judith Hilger):

»George Harvey Bone in *Hangover Square* von Patrick Hamilton, nicht weil ich von einer Frau so gequält und gedemütigt wurde wie Bone von Netta, vielleicht irgendwann mal in winzigen Dosen, ich aber sehr gut das Gefühl kenne, dass man beim Saufen Zweifel bekommt, ob die Euphorie stark genug ist, um einen bis zum Ende des Tages zu tragen, und ich seit der Lektüre immer wieder auf der Straße und in den Bars und sogar im eigenen Haus grausame Kämpfe ahne, wie sie in *Hangover Square* ausgefochten werden, ach was Kämpfe ausgefochten, Niederlagen erlitten« (Tex Rubinowitz).

»Aus Kindertagen sind das eher so messianische Figuren, häufig mit einer dunklen Seite: Darth Vader, Phantomias, Mr Spock. Aus Erwachsenenliteratur: Herr Wendriner von Tucholsky, weil er ein recht furchtbarer Mensch ist, der dies aber in keiner Weise erkennt. Stattdessen nörgelt er – allerdings wendet er seine Selbstverachtung nach außen auf alle und alles andere. Eine sehr deutliche Warnung, dass Groll und Ärger nicht umsonst Todsünden sind« (Johannes Arens).

»Moby Dick. Von allen Seiten angeschossen und gnadenlos gejagt. Keine Ruhe, und die Spuren der kräftezehrenden Kämpfe martern Körper und Geist. Aber ich habe die Hoffnung, wenn ich schon untergehe, dann nehme ich wenigstens noch einen Peiniger mit! Auch wenn sein Seelenleben nicht Bestandteil des Buches war, so habe ich mich schon als Kind eher mit dem Wal als mit den Protagonisten der Geschichte verbunden gefühlt und mich in seine ›Gefühlswelt‹ gedacht« (Till Merkord).

Ich wage eine Zusammenfassung der Antworten: Die gute literarische Figur, die sich dem Leser einprägt, hat vor allem überzeugende Eigenschaften, glaubhafte Schwächen. Unser literarischer Held, unsere Heldin hat irgendetwas, was wir selber gerne hätten oder selber gerne loswürden. Er/sie kommt uns auf eine nicht immer angenehme Art nah. Nur böse Figuren sind genauso langweilig wie nur gute. »Auch Pitbull-Terrier werden von ihren Müttern sehr geliebt.«* Diese Figuren sollten ein Leben haben, eine Vergangenheit, Begegnungen. Vielleicht können wenigstens die Nebenrollen mit glaubwürdigen Literatur-Außenseitern aus der breiten Masse besetzt werden. Also: rausgehen, Leute treffen. Abseits des eigenen Bekanntenkreises und der Leute in der Nachmittagstalkshow gibt es auch noch Menschen.

Praxistipp für Autoren: Zum Nebenrollen-Casting ein paar Vormittage als Öffentlichkeit im Amtsgericht absitzen. Vor dem Strafrichter treten die unterschiedlichsten Leute auf, deren einzige Gemeinsamkeit ist, dass sie eine Kleinigkeit verkehrt gemacht haben.

---

* Element of Crime, »So wie Du«

Gestalt, Kostüm und Maske

Kleine Männer und große Frauen müssen immer kompen-
sieren, Frauen mit »praktischen« Kurzhaarschnitten sind
lesbisch oder asexuell, sympathische Frauen haben immer
»kleine feste Brüste, wie Äpfel«. Vorsicht vor klischeehaf-
ten Festlegungen der Figur! Jedes äußerliche Detail birgt
die Gefahr der schnellen Einordnung. Der britische Autor
Julian Barnes hat das Problem in: *Flauberts Papagei* am Beispiel der Augenfarbe erklärt: »Braune Augen, blaue Augen.
Ist das von Bedeutung? … die Auswahl ist so beschränkt,
und egal für welche Farbe man sich entscheidet, sie schließt
unweigerlich banale Vorstellungen mit ein. Ihre Augen sind
blau: Unschuld und Aufrichtigkeit. Ihre Augen sind schwarz:
Leidenschaft und Tiefgründigkeit. Ihre Augen sind grün:
Wildheit und Eifersucht. Ihre Augen sind braun: Zuver-
lässigkeit und gesunder Menschenverstand. Ihre Augen
sind violett: Der Roman ist von Raymond Chandler. Wie
kommt man da raus, ohne einen ganzen Sack voller Andeutungen über den Charakter der Dame mitzuschlep-
pen?« Kleidung, Frisur, das ist schon eher die Entscheidung
der Figur als Augenfarbe, Größe oder Blondheit. Zu viel
Beschreibung kann den Leser irreleiten oder den Figuren
unrecht tun. Autor Sven Regener (*Herr Lehmann, Neue
Vahr Süd*) hält sich mit Beschreibungen nicht auf: »Ich
brauche die genauen Beschreibungen auch als Leser nicht,
die buschigen Augenbrauen, der kunstvoll geschwungene
Mund. Ich lese da immer drüber hinweg. Andere finden das ganz toll, aber ich nicht, also lass ich es« (*Zeit-Ma-
gazin*, 36/2009). Es ist Geschmackssache des Autors, ob er

versucht, eine Figur über ihre Ausstattung zu charakterisieren, oder es dem Leser überlässt, sich das Aussehen der Figur aus ihrem Verhalten und ihrer Umwelt zu erschließen. Hauptsache, er weiß, was er tut. (Das könnte eigentlich in jedem Kapitel ein paarmal stehen, also steht es hier noch mal auf Vorrat: Hauptsache, der Autor weiß, was er tut.)

Beruf und Alltag

Sehr viele Menschen verbringen sehr viel Zeit damit, einem Beruf nachzugehen. Sie treffen dort mehr Leute als in ihrer Freizeit und verbringen mit diesen Leuten mehr Zeit als mit Mann/Frau und Kindern. Niemand erwartet ernsthaft, dass Literatur die Wirklichkeit abbildet, schon gar nicht proportional. Es ist aber doch auffallend, wie viel Zeit in Büchern statt mit guter ehrlicher Arbeit mit Grübeln und Warten verbracht wird: Warten, dass er anruft, warten, dass sie anruft, dass etwas passiert, dass etwas nicht passiert. Dass der nächste Auftrag kommt, die Inspiration, das Ende der Schaffenskrise. Warten auf Anerkennung, auf eine Diagnose, darauf, geliebt zu werden oder auf den Tod. Wie angenehm und nützlich könnten die Autoren ihren Figuren und uns die Wartezeit mit Arbeit vertreiben! Es könnte passieren, dass dabei plastischere Geschichten entstehen mit Figuren, die uns so nahe kommen, dass wir unbedingt mehr über sie erfahren wollen. Nein, wir wollen die Helden nicht zu jedem Einkauf, zum Friseur und ins Parkhaus begleiten, um ihnen näher zu kommen. Aber wir freuen uns schon, wenn hin und wieder Figuren vorkommen, denen wir da draußen auch begegnen könnten.

Der österreichische Autor Josef Haslinger (*Opernball,* auch Bachmann-Juror 1998) stellt in: *Wozu brauchen wir Atlantis* fest: »Unsere Literatur kennt nicht die Freuden des angepassten Lebens, den glückhaften Konsumrausch von Einkaufzentren, das erwartungsvolle Herzklopfen der Karriere, das himmlische Aufatmen des erfolgreichen Arschkriechers, das Widerstandsflair des doppelten Parteibuchs, die zärtliche, selbstverliebte Innenseite der zur Schau getragenen Härte des Pflichtbewusstseins, die Familie als seelische Reinigungsanstalt, das Vergessen als die schönste Beschäftigung des angenehmen Lebens. Das alles wird von aufgeklärter Hand desillusioniert … Unserer realistischen Literatur ist unter der politisch lobsamen Aufklärungsperspektive die Realität verloren gegangen.« Auch Hermann Burger (Bachmannpreis 1985) forderte in: *Die allmähliche Verfertigung der Idee beim Schreiben* mehr Welt-Bezug statt den von ihm beobachteten »geradezu fetischistischen Schreib-Bezug«: »Es fehlt uns der Roman des modernen Textilfabrikanten. Musil war Ingenieur, Döblin Kassenarzt, Frisch ist Architekt, Dürrenmatt Theologe, Grass Steinhauer. Literatur müsste wieder vermehrt aus solchen Ecken kommen.«

Am Taufstein: Wie die Figur heißen soll

Manche Autoren geben ihren Figuren gar keine Namen. Arno Schmidt fand dieses Verfahren empörend: »... ›als ich den Prinzen von ** in Venedig besuchte – wir hatten uns in **schen Kriegsdiensten kennenlernen‹ usw. usw.; das ganze stirnzusammenziehende ›System‹ ist im Grunde nur ein anderer Ausdruck dafür, dass der betreffende Verfasser (Schiller hieß er übrigens) schlicht zu faul war, seinen Gestalten die passenden Namen herauszugrübeln.«

Andere gönnen ihren Helden nur Anfangsbuchstaben. Das soll dann vielleicht zeigen, dass die Figur nur ein Rädchen im System ist, ein Krümel im Brotkorb, dem nicht einmal der Autor einen ganzen Namen gönnt. Besonders seltsam liest sich das, wenn die Leute sich auch noch mit ihren Anfangsbuchstaben ansprechen, wie in Helmut Kraussers Erzählung »Wege des Brennens«, die er 1993 in Klagenfurt vorlas: »He, B., hör mal, da ist etwas, das ich noch keinem erzählt hab, das liegt mir auf der Seele.« Krausser hätte das ja auch umgehen können. »He, B., hör mal«, so redet doch keiner. Überhaupt, wenn man sich und anderen zuhört, fällt auf, wie selten sich Leute mit Namen ansprechen. Ist ja meistens auch nicht nötig. Wer seiner Figur nicht mal einen Buchstaben oder zwei Sternchen gibt, muss tausend Wörter finden, um im Text immer wieder klarzumachen, um wen es geht. Das ist doch unpraktisch! Ausnahme: Die Figur heißt den ganzen Text hindurch immer nur »ich«.

Zu der Verantwortung beim Benennen der Figur hat sich wieder Arno Schmidt geäußert: »Ebenso wenig, wie die

Eltern den Kindern aufs Geratewohl Namen aufhegten –
manchmal muss man ›leider‹ sagen, wenn dann, aufgrund
übel gewählter Lektüre der Frau Mama, eine bedauerns-
werte ›Melsene Piepenbring‹ durchs ohnehin schwer genu-
cke Leben zu irren hat –, ebenso wenig tauft der Poet die
›Kinder seiner Fantasie‹ willkürlich.«

Namen sagen mehr über die Eltern und die Herkunft
einer Person aus als über sie selbst. Die Eltern von Friedemann, Carl-Philipp und Anna Magdalena sind wahrscheinlich Kirchenmusiker, die Eltern von Kevin, Denis, Justin
und Dustin haben sich beim Benennen an den Nachbarn
orientiert. Eltern, die ihre Tochter in den Siebzigern Luna
nannten, hatten mutmaßlich eher einen an der Waffel als
die Eltern von Martina. Luna war wahrscheinlich im Kin-
derladen oder ist in der Landkommune aufgewachsen. Später in der Schule musste sie als Luna zwischen lauter Marti-
nen bestehen, das hinterlässt Spuren, die miterzählt werden
sollten. Namen für aktuelle Mittelschichtkinder findet man
bei Astrid Lindgren und im *Immerwährenden Heiligenka-
lender*.

Praxistipp: Überzeugende normale Namen lassen sich mit
dem Namensgenerator (Internet) herstellen. Der prüft auch
gleich, ob es für den Namen schon Google-Treffer gibt.
»Jörn Pöschke« zum Beispiel ist zurzeit dort noch unbekannt. Zwei Ös – bestimmt sind sie unmusikalisch, die fik-
tiven Eltern von Jörn. Jörn könnte zum Befremden seiner
Eltern Kirchenmusiker werden, statt wie Vater und Groß-
vater Pöschke zu Bayer zu gehen. Jörns eigene Kinder werden Friedemann und Maria-Barbara heißen und den wohl-
klingenden Nachnamen der Mutter tragen.

Als Gerichtsreporterin vermisste ich eine Datenbank mit typischen Namen für unterschiedliche Herkunftsländer. Umfragen in der Redaktion blieben oft vergeblich, wenn »(Name von der Redaktion geändert)« gesucht wurde. Die Nationalität sollte nur dann genannt werden, wenn für den Fall von Bedeutung. Aber sollte ich deshalb aus Heinz K. einen Rabrindanath T. machen? Autoren können in dieselbe Situation kommen.

Praxistipp: Bei der nächsten Fußball-WM in die Aufstellungen schauen. Da gibt es also die Ghanaer Boateng, Pimpong und Addo und die Koreaner Lee, Kim, Choi, Lee, Song, Kim und Park. Aber Vorsicht: Da könnten Künstlernamen und Einwanderer reingerutscht sein. Vielleicht finden sich ja wenigstens Namen, die man ohne Sonderzeichen schreiben kann. Und noch eine Bitte an die Autoren: Auf Aussprachezweifelsfälle verzichten. Man kommt sich als Leser blöd vor, wenn man sich den Namen irgendwie zurechtlesen muss. Das bremst den Lesefluss.

Zu warnen ist vor sprechenden und lustigen Namen, wohlbegründete Ausnahmen und sehr subtiler Einsatz sind zulässig. Für Namenswitze gilt dasselbe wie für Bonmots: Eine Geschichte ist eine Geschichte und kein Moleskine-Notizbuch oder ein Twitter-Account, in das oder den der Autor seine lustigen kleinen Einfälle einträgt. In *MOI* von Heiko Michael Hartmann heißt zum Beispiel der Kaufhauskassierer Benno Karstadt. Das ist zu dick aufgetragen, der Text ist auch so lustig genug. Ein Witz wird beim dritten Hören fade. Ein lustiger Name aber läuft mit seiner Figur durch den ganzen Text.

Noch einmal Arno Schmidt zu den »sprechenden Na-men«: »Ein solches Verfahren leistet zu viel. Es hält nämlich nicht nur den Leser für einen Idioten (der sonst womög-lich nicht merken würde, dass ›Walter Biederherz & Laura Schönlein‹ das brave Liebespaar sind, mit dem ich zu sym-pathisieren habe); es wird nicht nur vermittels des bloßen Personenverzeichnisses die ganze Chose verraten; sondern den Gestalten wird es verwehrt, sich wie glaubwürdig volle Menschen zu benehmen, vielmehr sind sie von vornherein zu Typen klischiert. Dergleichen sollte man selbst Neben-personen nicht antun.«

»Wie steuert man das Verhalten von Menschen, die man selbst erfunden hat?«

Gastbeitrag von Clemens J. Setz

Im Jahr 1995 führte ein französischer Arzt namens René Peoc'h (sic!), der sich nebenbei für Parapsychologie interessierte, ein Experiment mit Küken durch. Die kleinen Vögel wurden, gemäß den bekannten Theorien von Konrad Lorenz, gleich nach der Geburt auf einen grünen Roboter geprägt, der für sie nun die Mutterrolle spielte. Der Roboter besaß in etwa die Form einer großen Blechdose und konnte mithilfe eines kleinen Zufalls-zahlengenerators Bewegungen und Richtungsänderungen aus-führen. An seiner Unterseite befand sich eine kleine Tinten-nadel, die die Spur seiner chaotischen Bahnen auf einer weißen Zeichenunterlage hinterließ. Nachdem die Küken einige Zeit neben und mit ihrer neuen Mutter verbracht hatten, wurden sie in einen transparenten Käfig gesperrt, von dem aus sie die auf ihrem weißen Zeichenbrett hin und her zitternde Mutter-Dose sehen konnten. Die Küken begannen nach einiger Zeit nach ihr zu rufen, stemmten sich gegen die Innenwand des Käfigs und flatterten auf, um sie auf sich aufmerksam zu machen.

In der Studie von Peoc'h wird behauptet, dass in über 70 Prozent der Fälle, mit sehr hohem Signifikanzniveau, sich der von reinen Zufallszahlen gesteuerte Roboter den Küken-käfigen näherte. Der Zufallszahlenroboter kam nach einer gewissen Zeit vor dem Glaskäfig an, in dem sich das Küken befand, und ruckelte dort minimal hin und her. Theoretisch hätte er diesen Orbit irgendwann wieder verlassen und sich in die nächste Ecke aufmachen müssen, weiter auf seinem Random-Walk. Aber irgendetwas ließ ihn – so der Schluss des Wissenschaftlers – bleiben, ließ die Zahlen, die ihn steuerten, in einer neuen Ordnung daherkommen. Die statistische Auswertung der Strichzeichnungen ergab eine starke Abweichung von dem Weißen Rauschen, das man eigentlich erwartet und bei einem Vergleichsexperiment mit auf normale Hennen geprägten Küken auch völlig selbstverständlich erzielt hatte.

Die Auswertung und Deutung dieses kontroversen Experiments müssen andere übernehmen; ein Schriftsteller kann davon nicht viel lernen, nicht einmal angenehm sentimental stimmende Fragen wie »Wie kann sich unbeseelte Materie dem winzigen Willen eines einzelnen Kükens beugen?« sind wirklich hilfreich. Und auf die Verhältnisse der Menschen übertragen würden diese Überlegungen ja bedeuten, ich könnte, einsam stehend an meinem Fenster und auf die verlassene Baustelle gegenüber blickend, mit meinem Willen den großen, kalten Baukran zu mir drehen, als wäre er der Kopf meiner Mutter, der sich mir nach langem Betteln endlich zuwendet. Ich müsste lediglich von Grund auf davon überzeugt sein, dass der Baukran meine Mutter ist.

Ein Schriftsteller, der Figuren sieht und entwirft und miteinander interagieren lässt, verhält sich zu Anfang immer wie eines der Küken. Wer schon einmal (als Kind, unter Drogeneinfluss etc.) versucht hat, fremde Menschen durch reine Gedankenkraft zu steuern, weiß, wie frustrierend das sein kann. Man wird keinen Erfolg haben. Auf dem Papier sieht es zunächst

100

auch so aus, alle reden durcheinander, die meisten wollen nichts miteinander zu tun haben, wohnen auf völlig verschiedenen Planeten usw. Dann irgendwann betritt man als Schriftsteller eine andere Zone, in der die Figuren zumindest schon den Ruck der Marionettenfäden auf ihren Schultern spüren, wenn der Autor sich auf sie konzentriert. Nach dem dritten Anlauf (meist nach ein oder zwei Tagen) reagieren sie auf die meisten Kommandos, die man ihnen einpflanzt – allerdings immer gleichzeitig aus eigenem Antrieb, so wie der oben beschriebene Zufallszahlenroboter. Für einen Schriftsteller ist es – um im selben Bild zu bleiben – keine Lösung, einfach den Zufallsgenerator gegen etwas anderes auszutauschen. Er muss das kleine Küken in sich trainieren, auch wenn das bisweilen sentimental stimmt.

Das mühsame Vergehen der Zeit

Handlung und Spannung

> Der Text ist übrigens Teil eines actiongeladenen
> Romans aus der Schule der Passier-Fetischisten, in
> dem der Heldin auf Seite 94 eine Tasse runterfällt,
> worauf sie auf Seite 247 an den Kauf einer neuen
> denkt. Der Roman endet mit einem dramatischen
> Schlussakkord, es ist nämlich Sonntag und die Läden
> haben zu, das fällt der Heldin gerade noch ein, bevor
> sie aus dem Stuhl vergebens aufgestanden wäre.
>
> Sascha Lobo im Forum »Wir höflichen Paparazzi«

Auf Bildern passiert ja auch nichts, warum sollte in literarischen Texten etwas passieren? Weil wir Bücher eben auch
lesen, damit sie uns beim Vergehen der Zeit begleiten. Ge-
dichte können wie Bilder sein, Gedichtbände wie eine Aus-
stellung: Die Portionierung erlaubt Aus- und Einsteigen je-
derzeit. Von längeren Prosatexten aber erwarten wir, dass sie
uns eine gewisse Zeit am Stück unterhalten. Das funktioniert am besten, wenn irgendetwas passiert. Wenn der Leser
ein Bild lesen soll oder einen römischen Brunnen, das Innere eines dichtenden Hirns oder die Straßen von Passau,

könnte er bald ungeduldig werden. Warnhinweise gibt es manchmal im Untertitel: »Suada«, »Versuch«, »Studie« oder ein Begriff mit »-skizze« oder »-gemälde« können darauf hinweisen, dass es uns nicht leicht gemacht werden soll. Wir lesen weiter, wenn wir hoffen, irgendetwas zu erfahren, was darüber hinausgeht, wie gerade dieser Autor Wort an Wort fügt. Aus einer Umfrage unter Freunden:

»Was gar nicht geht: Bücher mit minutiös formulierter, gänzlich unironischer Innenschau jeglicher Gefühlsverwerfungen in Kombination mit null oder ganz wenig Handlung. (Warum ist mein Mülleimer rot, ich leide unter meinem roten Mülleimer, wäre es besser, einen blauen Mülleimer zu haben etc. Buch schon 200 Seiten lang, bis der Protagonist ein einziges Mal den Müll rausgebracht hat.) Elaboriertes Nachdenken über das Schreiben geht auch nur in den seltensten Fällen. Beide genannten Genres sind ganz hohe Kunst, leider endet es ganz schlimm, wenn sich daran Menschen versuchen, die zum Beispiel kein Beckett sind« (Monika Scheele-Knight).

Die Entscheidung umzublättern und auf der nächsten Seite weiterzulesen sollte der Autor uns etwas erleichtern. Das fordert auch Marcel Reich-Ranicki in: *Der doppelte Boden*: »Das Publikum ... kann man nicht zwingen, zu bestimmten Büchern zu greifen. Da muss sich schon der Autor etwas Mühe geben, seinen Stoff so zu präsentieren, dass die Leser nicht einschlafen.«

Weil wir vergnügungssüchtige Wesen sind, sind wir am einfachsten bei Laune zu halten, wenn hin und wieder etwas passiert. Wenn uns Ereignisse versprochen werden, sind wir bereit abzuwarten, jeder kleine Hinweis darauf, dass bald etwas passieren könnte, erhöht diese Bereitschaft: So entsteht Spannung. Das ist im Hirn so angelegt. Hans-Dieter Gelfert schreibt in *Was ist gute Literatur?*: »Das Anheben des Erregungsniveaus wird als Erwartungslust, das Absenken als Befriedigungslust erlebt« und weist zum Vergleich auf Nasejucken/Niesen, die Steigerung zum Orgasmus, die Auflösung von Anspannung in Lachen und Weinen hin. Auf das Lesen von Romanen angewendet: »Ohne den Aufbau von Erwartungsspannung würden wir gar nicht weiterlesen, und ohne den Übergang in Befriedigungslust wären wir so frustriert, dass wir kein zweites Buch des betreffenden Autors in die Hand nehmen würden.« Am leichtesten haben es bei uns Geschichten, die unsere Neugier bis zum Schluss auf Armeslänge halten können. Dann sollte aber auch was kommen. Spannung gelöst, Buch fertig.

Noch Fragen?

Auch wenn nicht dauernd geschossen wird, lesen wir weiter, solange wir noch Fragen an den Text haben. »Kriegen sie sich?« – »Wer war's?« – »Siegen oder Scheitern?« – viel mehr gibt es da doch nicht. Oder? Ein guter Text wirft Fragen auf und nährt unsere Hoffnung auf Antwort.

Die sicherste Methode: Einen überzeugenden Plot herstellen, dann will der Leser wenigstens schon mal wissen: »Wie geht es weiter?« Wie man so einen Plot macht, dafür gibt es allerlei Anleitungen und Kurse. Das gängigste Schema: Der Held, die Identifikationsfigur will oder muss ein Ziel erreichen. Es werden allerlei Komplikationen ausgestreut: Gegenspieler, eigene Unfähigkeit, Rückschläge, Zufälle wollen den Helden aufhalten. Am Ende Auflösung: Der Held schafft es oder schafft es nicht. Zum Beispiel, den Mount Everest auch wieder herunterzusteigen, das Herz des Nachbarn zu gewinnen, den Häschern des Königs zu entgehen, nicht dem Alkohol zu verfallen, den Mörder zu fassen. Die Abstände zwischen den Komplikationen machen Tempo und Spannung aus.

Die Angestellte einer Berliner Stadtbüchereifiliale, Protagonistin in Jagoda Marinics Erzählung »Netzhaut« (Bachmannwettbewerb 2007), wettert gegen die Überschätzung des Plots und erklärt zugleich seine Wirkung: »Ein Plot motiviert nicht einmal zum Weiterlesen. Ein Plot hindert den Leser lediglich am Aufhören … Wenn ein Leser weiterlesen möchte, dann liest er weiter, weil ihm das Buch gefällt. Wer hingegen einem Plot folgt, liest nicht deshalb weiter, weil ihn das Buch gerade jetzt, an der Stelle, die er liest, in sich hineinzieht, sondern weil er denkt, dass ihm das Buch gleich, sobald er diese Stelle hinter sich hat, gefallen wird; der Leser bekommt in jeder Zeile suggeriert, dass das Spannendste noch kommt … Der Leser wird durch das Versprechen einer Bedürfnisbefriedigung am Ende der Lektüre bei der Stange gehalten. Nicht weil ihm die Geschichte gefällt, liest er, sondern des Versprechens wegen.«

Man sollte das nicht so streng sehen: Wer den Leser schon mal wirksam am Aufhören hindern kann, hat eine Chance genutzt. Dass wir trotzdem Bücher finden, die uns faszinieren, ohne dass viel passiert, spricht dafür, dass es noch andere Fragen gibt. Manchmal, wie bei den Tagebüchern von Rainald Goetz, ist das einfach nur: »Und was noch?« Es sind seltene Glücksfälle von Büchern, in denen so viele Trüffel vergraben sind, dass wir begeistert grunzend durch den Buchstabenwald laufen, um sie aufzuspüren. Doch wenn das Schwein zu lange nichts findet, frisst es lieber wieder Kartoffeln.

Eine andere Frage kann sein: »Wie ist es dazu gekommen?« In Norbert Scheuers Roman *Überm Rauschen* kehrt der Ich-Erzähler in sein Heimatdorf zurück, weil der Bruder sich seit Tagen schweigend im Zimmer eingeschlossen hat. Der Ich-Erzähler versucht beim Fliegenfischen eine Erklärung zu finden, aus der Erinnerung und aus den Dingen, die ihm von anderen erzählt werden.

Im Roman *Hier im Regen* von Lorenz Langenegger wird die erste Frage gleich von der Figur gestellt: Wir befinden uns im Inneren von Walter, es ist eine Walter-Perspektive in der dritten Person. Walter ist 30 und Finanzbeamter in Bern. Zu Beginn lässt seine Frau Edith ihn für drei Tage allein. Walter droht in Gedanken an, der Frage nachzugehen, nachgehen zu müssen, aus innerem Zwang, warum er in Bern lebt. Warum lebt Walter in Bern? Wen soll das interessieren? Um das herauszufinden, geht Walter erst mal bei Kneipenwirt Rolf vorbei, aber Rolf hat vor einer Woche seine Klamotten am Aareufer liegen lassen und ward nicht mehr gesehen. Seite 27 inzwischen. Wir lesen, wie Walter so denkt. »Rolf ist vor einer Woche, an jenem heißen Julitag verschwunden, an dem Moritz tot unter dem Balkontisch lag. Wenn Rolf tot ist, sind Moritz und er am gleichen Tage gestorben.« Eine Zeit tragischer Verluste: »Dass eine Schildkröte einfach so sterben kann, hat er vor einer Woche erfahren, aber ein Mensch?« Die noch für lebend erklärten Figuren (Walter, Edith, Rolfs trinkende Bekannte Ruth) kommen mir aber auch nicht viel lebendiger vor als die Schildkröte. Da ist sein vermutlich einziger Freund vielleicht ertrunken, und er scheint sich immer noch nur zu fragen, warum er in Bern lebt.

Fade Helden

Das Innere eines Wesens muss schon etwas zu bieten haben, wenn wir uns über viele Seiten allein darin aufhalten sollen. Flache Figuren sind uns egal: keine Fragen. Da können sie noch so bedrohliche Abenteuer erleben. Wenn die Figur nicht lebt, dann braucht man sich auch keine Sorgen um sie zu machen, Pappkameraden stürzen schmerzlos. Uwe Johnson: »Wenn Sie das Verhalten einer Person zunächst nicht verstehen, so sollten Sie doch scharf darauf sein, es am Ende herauszufinden. Ob Sie jemand in dem Buch mögen oder missbilligen, beobachten Sie vor allem die Schwankungen Ihres Interesses.« Wenn die Figur schillert, kommen die Fragen von alleine: »Wie ist sie so geworden, was wird aus ihr, mit wem hat sie zu tun?«

Helga Glantschnig las 2002 in Klagenfurt den Text »Verschollen«. Eine einsame Frau hat in einer großen Stadt (vermutlich Wien) Vorbereitungen für ihren Selbstmord getroffen. Sie hat eine Dachkammer besetzt, aus deren Fenster sie springen will. Die Geschichte beginnt am Freitagnachmittag. Die Frau hat sich das ganze Wochenende Zeit genommen. Die Zeit wird sehr lang. Die Frau ist sehr trübsinnig, sonst würde sie ja nicht springen wollen. Nach ein paar Seiten beginne ich, ihren Wunsch, aus dem Leben zu scheiden, zu unterstützen. Sie braucht aber meinetwegen nicht bis zum Sonntagabend damit zu warten. Die Hoffnung, etwas über sie zu erfahren, habe ich früh aufgegeben. Die Autorin gibt keine Hinweise. Die Frau geht durch die Stadt. Wieder aufs Dach. Wieder runter. Am Ende springt sie nicht und geht nach Hause. Es ist sehr langweilig. Juror Denis Scheck in der anschließenden Diskussion: »In dem Moment, wo auf die Vergangenheit dieser Figur verzichtet wird, vermag ich für diese Figur nach zwei, drei Seiten kein Interesse mehr aufzubringen, was Frau Vanderbeke mit ›Ei, dann hipp doch!‹ auszudrücken versucht.« Jurorin Pia Reinacher: »Es ist von der ersten Seite an klar, dass es um Springen oder Nichtspringen geht, und dann muss man das über 15 Seiten mitverfolgen.« Good old Rückblende hätte hier geholfen. Dass es um Leben und Tod geht, genügt nicht. Die Autorin müsste uns schon ein bisschen dabei helfen, die Zeit vergehen zu lassen. Wenigstens sollte uns die Hauptfigur so nahe kommen, dass wir uns um sie sorgen.

Trübsinnige Figuren dürfen nicht mit dem Stilmittel Langeweile dargestellt werden. Solche Figuren müssen den Leser quälen. Wenn er immerhin so viel Interesse entwickelt, dass er das Bedürfnis hat, den Helden, die Heldin zu schütteln und anzuschreien, könnte das gelungen sein. Wenn die Figur dem Leser egal ist, ist auch egal, was sie erlebt.

Warnung vor dem Zufall

»Wäre ich ein Diktator der Romanliteratur, ich würde Zufälle verbieten«, schreibt Julian Barnes in: *Flauberts Papagei*. Dieser Kniff habe »etwas Kitschiges und Sentimentales; ästhetisch gesehen wirkt es einfach immer billig. Der Troubadour, der gerade rechtzeitig vorbeiläuft, um das Mädchen zu retten, das hinter die Hecke gezerrt werden soll; die unverhofft, aber wie gerufen auftauchenden Wohltäter bei Dickens; der saubere Schiffbruch an einer fremden Küste, der Geschwister und Liebende wiedervereint.«

Solche Strenge können wir uns bei der neueren Literatur nicht mehr leisten. Wir sollten uns freuen, wenn überhaupt etwas passiert. Dazu Nick Hornby in: *Mein Leben als Leser*: »Es stört mich nicht, wenn in einem Buch nicht viel passiert, aber wenn auf diese aufgesetzte Art nichts passiert – wenn die Protagonisten Dinge sagen, die Menschen nie sagen, Jobs haben, die nicht zu ihnen passen und so weiter –, das ist einfach zu viel verlangt. Wenn auf unechte Art irgendwas geschieht, ist das allemal besser, als wenn auf unechte Art nichts geschieht, oder?«

Im Leben nehmen wir Zufälle ständig einfach so hin: Man verpasst einen Zug, trifft deshalb einen Bekannten von früher wieder, verliebt sich usw. Kein Problem, passiert ständig irgendwo. Mit literarischen Zufällen sind wir kritischer. Schnell verdächtigen wir den Autor, gar keinen echten Zufall erfunden zu haben, sondern ihn genau so hingebaut zu haben, wie es ihm gerade in die Geschichte passt. Womöglich, weil er nicht wusste, wie die Geschichte sonst die richtige Richtung finden sollte. Ein zu durchsichtiger

Zufall lenkt den Leser ab, weil er dem Autor übelnimmt, dass er es sich zu leicht gemacht hat. Wir wollen aber Geschichten lesen und uns dabei keine Gedanken über Fähig- oder Unfähigkeit des Autors machen. Glaubwürdige Zufälle sind solche, die auch mal den Falschen treffen.

Minimalforderungen

»Was es in Klagenfurt auch in diesem Jahr nicht gegeben hat, nicht einmal unter den preisgekrönten Erzählungen, ist eine Geschichte, in der eine Handlung vorangetrieben wird, die sich weiterführende Dialoge leistet und einen handwerklich gemeisterten Plot zutraut«, beklagte der Journalist Volker Hage (*Spiegel*, 28/2004).

Man sollte nicht unbescheiden werden und gleich auf eine abgeschlossene Handlung hoffen. Junge Autoren könnten beim Verfassen ihrer »Skizzen« und »Studien« aber wenigstens erwägen, ob sie uns nicht doch einen der folgenden Gefallen tun können:

1. Spürbar vergeht die Zeit, ohne dass die Geschichte ständig auf die Uhr schaut.

2. Menschen verlassen ihre Wohnung und bewegen sich von einem Ort zum anderen. Das passiert vielen Leuten täglich, warum nicht auch literarischen Figuren?

3. Personen begegnen anderen Personen und treten mit ihnen in Interaktion. Es muss kein Gespräch sein. Ein Schusswechsel wird auch genommen.

4. Irgendetwas ist am Ende der Geschichte besser, schlechter oder anders als an ihrem Anfang.

Uwe Johnson empfiehlt zur Beurteilung von Romanen in: *Ich überlege mir die Geschichte*: »Zu zählen wären die Beziehungen zwischen den Personen, Vorfällen, Schauplätzen, Zeiteinheiten, Motiven, Techniken der Substruktur und, abermals, den Personen ... Jedoch sind simple Erwähnungen untauglich. Es sollte etwas mehr sein, als dass Mrs Brown in ihrem Nachbarn, Mr Smith oder dem Straßenbahnschaffner endlich ihren Urenkel erkennt, der seit achtzig Jahren als vermisst galt, und das noch in einem Flugzeugabsturz. Ungültig. Nein, solche Beziehungen müssen fest sein, vielfältig verwirklicht, lebensfähig, gleich denen im tatsächlichen Leben.«

»Charme, Skurrilität und große Anmaßung«

Gastbeitrag von Christine Koschmieder

Christine Koschmieder ist Literaturagentin – ihre Agentur »Partner & Propaganda« vertritt vor allem südosteuropäische Autoren, hat aber unter anderem auch die Open-Mike-Gewinnerin Inger-Maria Mahlke unter ihrer Betreuung. Sie hat mir schriftlich Auskunft gegeben, wie Manuskripte ihre Neugier wecken:

1. Angemessene Etikettierung/Ausweisen der Inhaltsstoffe: Ich wache auf, wenn ich eine Mail von einer Autorin bekomme, die darauf verzichtet, mir Gebrauchs- und Interpretationsanweisungen für ihr Manuskript und ihr Leben anzubieten. Die stattdessen das Konzentrat ihrer Geschichte in 5 bis 10 Sätzen so dosiert, dass jeder davon unverzichtbar ist. Und die seltene Begierde erwecken, davon noch 1000 bis 10 000 Sätze mehr lesen zu wollen. Inger-Maria Mahlke (Preisträgerin Open Mike 2009) war so ein Fall von akuter Fresslust nach Lektüre des Kurzexposés. Ganz seltene Glanzstücke meiner Sammlung sind auch solche Exemplare, denen es gelingt, so viel Charme, Skurrilität und grandiose Anmaßung gepaart mit Selbstironie in Titel und Untertitel zu verpacken wie Axel Simon mit *Tatütata für Peter Sputnik*: »Es geht um Liebe und Vergeltung und das Geheimnis des Krokantbechers. (Ach was, es

geht um alles.)« Bei so einem Titel werfe ich alle Bedenken über Bord und setze mich auch schon mal morgens um sieben vors Telefon.

2. Themenspezifische Fresslust: Wo die zeitgenössische deutsche Literatur, Open Mike und DLL (Deutsches Literaturinstitut Leipzig) eine Mauer der intuitiven, vorurteilsmotivierten Abwehr zu überwinden haben, gibt es eine durch keine Gattung, kein Genre, keine Generation verbundene Gruppe von AutorInnen, die ich einzig und allein aufgrund ihrer geopolitischen Herkunft bevorzugt behandle. Literatur zeitgenössischer AutorInnen aus der Ecke, die in der deutschen Wahrnehmung immer noch irgendwo zwischen Pulverfass Balkan, durchgeknallten Kusturica-Filmen und Balkan Beats rangiert. Literatur zeitgenössischer AutorInnen aus Bosnien, Kroatien, Serbien, Slowenien und dem Kosovo. Weil sie ihre eigenen Geschichten wesentlich besser erzählen als die Kommentatoren, Exegeten und Dolmetscher der westlichen Wertegemeinschaft.

3. Aktualität: Würde ich leugnen, dass mich ein Sachbuchangebot zum Thema Moscheen, Minarette und Penisneid nicht interessieren würde, würde ich lügen. Und hätte ich mir die Zeit schon genommen, dem Soziologen Hartmut Rosa einen handschriftlichen Brief zu schreiben, wären der »Ausstieg aus dem Hamsterrad« und die Fragmentierung von Aufmerksamkeit definitiv Themen, auf die ich anspringen würde. Und wenn ich weiß, dass Serbien 2011 Buchmesseschwerpunkt wird, schaue ich mir die Einsendungen und Empfehlungen serbischer AutorInnen bevorzugter an als alles andere, keine Frage.

4. Ausschlusskriterien: Außer formalen Kriterien gibt es fiese, interne kleine inhaltliche Ausschlussmerkmale, die auf empirisch nachweislichen Zusammenhängen zwischen dem Auftreten dieses Merkmals und der mangelnden Überzeugungskraft des dazugehörigen Textes beruhen. Afrika als Schauplatz ist eines davon. Ich erwarte von einem Buch, dass ich darüber vergesse, am richtigen Bahnhof auszusteigen. Mir die Zähne zu putzen. Meinen Kindern Frühstück zu machen. Die Steuererklärung rechtzeitig abzugeben. Über seine Verkäuflichkeit nachzudenken.

Die Welt und ihre Dinge

Schauplatz und Requisite

> Auf den meisten Bildern ist zu viel drauf.
>
> Andreas Feininger

Der Autor muss keine Requisiten kaufen, keine Geräusche erzeugen, keine Synchronsprecher engagieren, keine Vorortvillen anmieten, er muss einfach nur Buchstaben zusammensetzen. Das unterscheidet ihn vom Filmemacher, der alle nötigen Bilder und Töne erst herstellen lassen muss. Im Film würde sofort auffallen, wenn der Held sich ins Bett legt, und da steht gar kein Bett. Der Autor muss das Bett nicht erwähnen – wenn jemand ins Schlafzimmer geht, dann ahnen wir schon, dass da ein Bett herumsteht. Wir merken einer Geschichte sofort an, wenn ein Ding nicht hineinpasst. Wenn eines fehlt, ergänzen wir es einfach selbst. Die Welt seiner Geschichte wird dann aussehen wie unsere eigene Welt oder wie eine, die wir aus dem Fernseher kennen. Wenn die Protagonistin ins Büro geht, wissen wir, dass sie dabei irgendwas Angemessenes anhat, sonst würde der Autor uns das schon mitteilen. Darauf wollen wir uns dann allerdings verlassen können.

Wenn der Autor aber will, dass wir beim Lesen bestimmte Bilder sehen, bestimmte Geräusche hören, wenn er über das Wetter und die Vegetation bestimmen will, dann muss er seine spezielle Welt in den Text schreiben. Der Autor muss dann eben doch für Schauplatz, Komparserie, Kostüm, Maske, Ton und Requisite sorgen. Erst muss er alles in seinem Kopf hinstellen, dann auswählen, was er davon ins Buch schreibt. Und zwar genau so viel, wie nötig ist, damit wir uns den richtigen Rest dazu vorstellen. Wimmelbilderbuch war früher. Wer alles beschreiben will, was sein Held sieht, muss aus der Sicht von Außerirdischen, Tarzan-in-Manhattan oder Aufgetauten schreiben.

Schauplatz

Einen Ort vorzugeben, den jeder ein wenig kennt, ist die ökonomischste Art, eine Geschichte zu platzieren. Island zum Beispiel ist ein benutzerfreundliches Land: Eine grobe Vorstellung von Island hat schließlich jeder, aber nur wenige waren schon mal da. Wenn wir »Island« lesen, rollt unser Klischee-o-mat an: Struppige Pferdchen, Elfentunnel, beheizte Bürgersteige, Strickpullover, abgefahrene Popmusik.

Es sollte aber irgendeinen Sinn haben, so weit zu reisen. Wenn die Geschichte in einer Vorortvilla spielt wie die, welche die spätere Jurorin Ilma Rakusa 1981 in Klagenfurt vorlas, dann fragt man sich, wieso sie überhaupt in Island spielen muss. Wo doch gar keine Isländer vorkommen, weder Pferdchen noch Einheimische. Da müsste die Autorin schon ein paar zusätzliche Angaben machen zu dem Island, das sie sich vorstellt, etwa darüber, was isländische Vorortvillen von schweizerischen Vorortvillen unterscheidet.

In Kristof Magnussons Text »Zuhause«, mit dem er 2005 in Klagenfurt antrat, trägt ein junger Isländer eine Familiensaga im Rucksack mit sich herum, und das Land ist so klein, dass jeder ständig alte Bekannte wiedertrifft, das gibt dem Leser das Gefühl, die Geschichte könne nur in Island spielen. Beheizte Gehwege kommen nicht vor, das ist auch gut. In der Diskussion über den Text trugen die Juroren ihre Island-Vorurteile zusammen: »Da ist es sehr kalt, häufig dunkel, trinken die Leute mehr als anderswo? Ja, wahrscheinlich«, sagte zum Beispiel Burkhard Spinnen. Heinrich Detering hat sein Island-Bild aus Romanen: »Das ist immer genauso wie hier: Der Isländer an sich ist eigentlich nur nachts unterwegs, wischt anschließend im betrunkenen Zustand Schnee von den Autos, kopuliert rasch und wahllos, sofern der Alkoholkonsum ihm dazu noch die Möglichkeit gibt, und geht in unglaublich schicke Clubs und Discos, von denen man als Zentraleuropäer bis zu den isländischen Romanen nicht gedacht hätte, dass es sie auf Island gibt.« Daniela Strigl hatte sich mit den verwendeten Vornamen befasst: »Ich habe von meiner Schwester, die sich mit Isländern auskennt – ich meine: mit den Pferden – erfahren, dass Dagur Tag heißt.« Norbert Miller warnte davor, die eigenen Vorurteile ganz und gar dem Autor aufzustülpen: »Ich kann doch nicht sagen: Eigentlich könnte ich von einem Isländer verlangen, dass er viel tiefer ist, wo er so a lange Nacht hat, um sich daran zu gewöhnen.« Offenbar war für jeden etwas dabei, der Text erhielt zwar keinen Preis, aber daran war nur die Konkurrenz schuld.

Schwieriger ist es mit allzu bekannten Orten, vor allem mit den literarisch bekannten. Zum Beispiel Venedig: Venedig stinkt, ist zunehmend vom Untergang bedroht, seine Bewohner sind hochmütige Fußgänger, die sich vor den Touristen hinter hohen Fensterläden verstecken und nur bei Regen aus dem Haus gehen. Im Sommer sind sie sowieso alle am Lido und schauen von dort angeekelt auf die von leicht bekleideten Fremden belagerte Stadt hinüber. Die Gondolieri sind Menschen mit Migrationshintergrund, die strunzdummen Touristen spanische Lieder vorsingen. Auf der Piazza San Marco gibt es zu viele Tauben. Bei Nebel ist es am schönsten. Fremde werden die Geheimnisse der Stadt nie verstehen. Überall lauert der Tod. Man verirrt sich so leicht im Gewirr der Gassen. All das ist bekannt, genauso richtig wie falsch, und sollte nicht erwähnt werden. Thomas Mann, Wolfgang Koeppen, Daniel Zahno, Daphne du Maurier, Patricia Highsmith und viele andere waren schon da.

Geschichten aus Venedig sind üblicherweise so kaputt und geheimnisvoll wie die ollen Häuser, in die man als Tourist nicht hineinkommt, und so trüb wie das brackige Kanalwasser. Ein Nebel liegt über der Stadt und ihren Geschichten. Das ist die Vorstellung, welche die meisten Geschichten bedienen oder sogar selbst erschaffen haben. Dagegen muss man erst mal anschreiben, wenn man nicht in die Vorhersehbarkeitsfalle tappen will. Wenn dem Autor am Schauplatz Venedig gerade das Venedighafte so wichtig ist, dann muss er außer dem aktuellen Wetter gar nichts beschreiben, es ist alles schon bekannt. Oder Venedig aus der Sicht finnischer Wasserbauingenieure schildern, wie

Hannu Raittila in dem wunderbaren Krimi/Roman *Canal Grande*.

Manhattan ist in der deutschen Literatur ein wenig ins Hintertreffen geraten, seit Berlin wieder doppelt so groß ist wie vor 1989, deshalb ist die folgende Warnung vielleicht überholt: Man hüte sich vor naseweisen schwarzen Taxifahrern, skurrilen Flurnachbarn und Deutschen, die an kleinen Off-Broadway-Bühnen tätig sind. Zumindest sollte sich der Autor erkundigen, ob es solche Leute überhaupt noch gibt. Sie hatten früher häufig kleine Rollen in Erzählungen und sind möglicherweise inzwischen zu alt für so etwas. Auch surrende Klimaanlagen gibt es nicht nur in New Yorker Hotels, es wird nur von dort aus häufiger über sie berichtet.

Eigentlich sollte hier eine lange Klage darüber folgen, dass Texte nur noch in Berlin spielen, dann stellte ich fest, dass von den Klagenfurt-Texten 2009 und 2008 kein einziger, 2007 einer (Jagoda Marinic, »Netzhaut«) in Berlin spielte. Das muss ja nicht heißen, dass keine Berlin-Texte mehr geschrieben werden. Vielleicht waren die Juroren sie bloß konspirativ leid und haben nur die eingeladen, die anderswo spielten: in Frankfurt, in einem Dorf im Westerwald, in einem Zug durch die Ukraine, in Neuss, Brilon oder im Riesengebirge … Vielleicht ist der Trend ja vorbei, und es muss kein weiteres Wort darüber verloren werden. Außer: Dass sich auch in Berlin nicht jeder auskennt, und die Autoren bitte nicht alles voraussetzen mögen. Gerade erst hörte ich im WDR 5 eine Moderatorin erwähnen, da komme jemand aus so einem Berliner Problembezirk, »Neukölln-Marzahn oder so«. Nicht jeder hier im Westen hat also einen zuverlässigen inneren Berlin-Stadtplan oder weiß, wo und wie man gerade so wohnt in Berlin.

Auch für bekannte Schauplätze gilt: Es kommt darauf an, wer es sieht. Wer 1960 sein Hunsrückdorf zum ersten Mal verließ, um in Koblenz einen Hochzeitsanzug zu bestellen, fand diese Stadt vielleicht schon ziemlich gewaltig. Dafür muss man gar nicht aus dem Kopf des Besuchers erzählen, das lässt sich auch durch die Beschreibung erledigen. Dazu der Schweizer Autor Hermann Burger in: *Die allmähliche Verfertigung der Idee beim Schreiben*: »Wie bringt es Frisch fertig, die für schweizerische Verhältnisse große Stadt Zürich im *Stiller* als elendes Provinzstädtchen erscheinen zu lassen? Mit pejorativen Diminutiven wie ›Flüsschen‹ für die recht ansehnliche Limmat.«

Tipp: An fremde Orte gehen. Orte sind umso fremder, je weniger Bilder der Autor bei den Lesern erwarten kann. Fremde Orte sind gute Orte, wenn sie den Protagonisten prägen, oder wenn sie besonders geeignet sind, eine Geschichte voranzubringen. Liebe Autoren, schicken Sie doch Ihre Figuren mal nach Knokke/Belgien, nach Metz/Frankreich oder nach Mönchengladbach/Nordrhein-Westfalen, aber nur, wenn Sie wissen, dass es in Knokke eine Straßenbahn gibt und dass Mönchengladbach gar keine Stadt ist, sondern eine Patchworkfamilie aus (unter anderem) München und Rheydt. Aus Rheydt stammte immerhin Joseph Goebbels. Auch von unbedeutendem Boden kann also Unheil ausgehen.

Merke: Wo auch immer die Geschichte spielt, es sollte sich so lesen, als sei der Autor schon einmal da gewesen. Und nicht so, als habe er sämtliche Details aus einem Fremdenverkehrsprospekt oder dem eigenen Klischeekästchen entnommen. Es sei denn, die Geschichte erfordert genau das: Keith Stapperpfennig, der Held aus Tilman Rammstedts *Der Kaiser von China*, baut den Bericht von der Reise mit seinem Opa nach China ausschließlich aus den Angaben des »Lonely Planet«-Reiseführers zusammen (Bachmannpreis und Preis der Automatischen Literaturkritik der Riesenmaschine 2008).

Ausstattung

Sachen sind wichtig und praktisch, nicht nur, weil man sie essen, anziehen und sich damit von A nach B bewegen kann. Die Dinge verbinden die Leute mit ihrer Welt. Wir registrieren da draußen bei den echten Menschen ständig, ob jemand mit dem Fahrrad oder mit dem Auto fährt, ob er eine Jacke-wie-ein-Haus von Globetrotter trägt oder einen Dufflecoat. Rucksack oder Tasche, Filterkaffee oder Chai Latte, Mac oder PC, das sind alles praktische Filter zur groben Menschensortierung. Die Feinsortierung erfolgt dann über Hobbys, Musikgeschmack, das Verhältnis zum Essen.

So lässt sich auch über Kleidung, Verkehrs-, Kommunikations- und Nahrungsmittel zügig einführen, was der Held für Schrullen und Gruppenzugehörigkeiten hat, ob er in der Gegenwart lebt oder eher im Gestern oder Morgen. Dabei wird natürlich mit Klischees gearbeitet – sie sollten nur nicht zu offensichtlich sein. Mit bestimmten Sachen lässt sich der Leser milde stimmen. Meistens freut er sich über Dinge, die er kennt, seltene Autos, Händlmaiers süßen

Senf, die richtige Musik. Der Autor sollte jetzt aber nicht anfangen, an allen möglichen Stellen irgendwelchen Krimskrams in seinem Text aufzustellen, um sich beim Leser einzuschmeicheln.

Weniger ist mehr

Frühkindliche Bildprägung erhielten die Kinder der Siebzigerjahre durch die Wimmelbilderbücher von Ali Mitgutsch. Das Wichtigste, woran ich mich aus *Rundherum in meiner Stadt* erinnere, sind die Gammler im Park. Es war die Zeit, in der Freddy Quinn seinen Anti-Gammler-Hit »Wir« sang (Zitat: »Ihr lungert herum in Parks und in Gassen, wer kann eure sinnlose Faulheit nicht fassen? Wir! Wir! Wir!«). Die Gammler sind das, was den westdeutschen Park der Siebzigerjahre von den Parks anderer Generationen und anderer Länder unterscheidet. Alles andere (Bäume, Bänke, Dreirad, Ball, Luftballonverkäufer, Ententeich) kann man sich auch so denken. Park halt.

Ein paar einfache Regeln:

1. Die Sehnsucht, das eigene Heim aussehen zu lassen wie im IKEA-Katalog, ist offenbar ziemlich verbreitet. Wenn es wirklich nötig ist, zeitgenössisches Wohnen zu beschreiben, genügt es im Normalfall, ein oder zwei Abweichungen vom IKEA-Katalog zu benennen. Was darüber ist, das ist von Übel!

2. Billige Spießigkeitsschlüsselreize wie »Gelsenkirchener Barock« sind meist beleidigend, stilkundlich ungenau und

zu unterlassen. Wer unbedingt auf dem Kleinbürger herumhacken muss, sollte das nicht mit kleingeistigen Mitteln tun. Allein durch den Besitz einer Eichenschrankwand wird ein Mensch genauso wenig zum Ewiggestrigen, wie jemand durch »Billy weiß« von IKEA zum Innenarchitekten wird. In dieser Hinsicht etwas zu dick aufgetragen hat etwa Richard David Precht in: »Baader braun«, dem Text, den er 2004 in Klagenfurt vorlas. Nicht nur, dass dort »die halb entblößten Brüste der Zigeunerin im Holzrahmen vibrierten …«, der junge Held sieht sich auch die Hausbar ganz genau an, »… wobei die Ritter mir von den staubigen Bierkrügen auf dem dunklen Regalbord zunickten, die leuchtenden Landsknechte auf den Kristallglashumpen, die schwere Kupferlampe und der übervolle Aschenbecher sich in der Scheibe spiegelten und draußen die Dunkelheit sich bleigrau über den Fluss senkte«. Da wundert man sich auch nicht, dass das Radio ein »Transistorradio« ist, die Wand eine »Waschbetonwand«, das Eiscafé Venezia heißt und der Nachbar einen grünen Audi 80 fährt. Und wie es sich gehört für die Siebziger in Solingen: »Überall am Stadtrand entstanden Neubausiedlungen.« Ja was denn sonst, Jugendstilviertel vielleicht?

3. Nicht die erstbesten vorbeirauschenden Bilder aufschreiben. Vorbereitung: Schreiben Sie ohne langes Nachdenken zehn Dinge auf, die zum Setting Ihrer Geschichte passen. Benutzen Sie das elfte Ding in Ihrer Geschichte. Zum Beispiel Siebziger (West): Zu streichen sind Geha/Pelikan, Bonanza-Rad, die RAF, sofern sie mit der Geschichte nichts zu tun hat, Schlaghosen. Nachdenken könnte man über den ersten Brokkoli, Füller von Kreuzer, Peugeot-Klappfahrräder

und die Farbkombinationen gelb-schwarz und blau-rot. Wenn Ulf Erdmann Ziegler in »Pomona« (Bachmann-Kandidat 2008) außer Flokati, Bonanza, Sesamstraße und Volkswagen Variant Kombi auch Bosch-Kühlschrank und Melitta-Tasse erwähnt, dann sagen wir: Da wären wir fast noch selber draufgekommen. Die besten Nostalgie-Gegenstände sind die, bei denen der Leser denkt, er und der Autor seien die beiden Einzigen, die sich daran erinnern. Die niedliche Renault Dauphine (auch »Pomona«) geht bei mir glatt durch, so eine hatte nämlich meine Mutter.

Weniger ist weniger

Manchmal muss es etwas mehr sein. Dann nämlich, wenn die Beschäftigung mit den Kleinigkeiten die Figur charakterisiert. Zwei Texte aus dem Klagenfurter Wettbewerb 2006 zeigen das sehr schön am Beispiel der Fische.

»Hermann umwickelte den Schenkel eines Einfachhakens mit einer Wollfadenwicklung, kratzte mit einer Nadel eine schmale Rinne in das Gehäuse, bestrich den Wollfaden mit Kleber, schob das Gehäuse auf den Hakenschenkel, band hinter dem Hakenöhr einen Hechelkranz, stellte den Hechel hoch und zwirbelte ihn« (Norbert Scheuer, »Überm Rauschen«, 3sat-Preis).

»Erstes Leben, das war ein bräunliches Schmieren von Kieselalgen am Glas. Dann kamen Blaualgen. In dieser Phase war der Nitritwert immer noch hoch, absolut tödlich für Salzwasserfische. Der Ammoniumgehalt würde langsam zu sinken beginnen. Also beobachten, messen, Glas putzen,

Steine bürsten, beobachten, messen. Je nachdem, was man vorhatte, nach drei Wochen vielleicht Caulerpa-Algen einsetzen« (Angelika Overath, »Das Aquarium«; aus: *Flughafenfische*, Ernst-Willner-Preis).

So genau wollen wir das gar nicht wissen? Darauf kommt es nicht an, denn die Protagonisten müssen es so genau wissen: Hermann, der sich mit dem Basteln von Ködern für das Fliegenfischen auch nicht in der Spur halten kann, und Tobias, der Kauz, der seine berufliche Nische als Betreuer eines Salzwasseraquariums auf einem Flughafen gefunden hat. Wenn das nun mal so Typen sind, die sich auf diese Kleinigkeiten konzentrieren, dann müssen wir mit ihnen da durch. Wichtig ist, was für die Figuren wichtig ist. Da sind, je kauziger die Leute sind, umso kauzigere Leidenschaften gefragt. »Fische sind Modelleisenbahnen in vivid und liquid«, sagte Burkhard Spinnen in der Diskussion zum Text von Angelika Overath, und sie sind vom Autor mit derselben Hingabe und Detailverliebtheit zu beschreiben, mit der ein fanatischer Aquarianer sie beschreiben würde.

Die Gegenwart

Das Schöne an der Gegenwart ist, dass sie so gegenwärtig ist. Der Autor steckt mittendrin und muss nur abschreiben, was um ihn herum los ist. Die Dinge, die er sieht, können seine Texte bunter und schöner machen. Doch merke: Zeitgenössischem Zierrat wohnt das Risiko seiner künftigen Drolligkeit inne. Soll das Buch ein, zwei Jahre überdauern, sollte der Autor der Mode mit Vorsicht begegnen. Der Sta-

tus quo ist doch nur ein Status quo ante, der schon überholt sein kann, wenn der erste Leser das Buch in die Hand
nimmt. Telefonieren wird man wahrscheinlich in ein paar
Jahren immer noch, zumindest wird man wissen, was das
war. Ob das dazu benutzte Gerät eine Wählscheibe hat oder
Tasten oder eine berührungsempfindliche Scheibe, ist dann
egal. »Er schulterte die kleine Tasche mit dem Akkumulator
für sein mobiles Telefon« wäre in den Achtzigern modern
gewesen. Heute stört das eigene herablassende Glucksen über
diese Vorstellung eher beim Lesen. In einem meiner wieder-
kehrenden Träume versuche ich seit Jahrzehnten, jemanden
anzurufen, dringend! Bis vor wenigen Monaten scheiterte
ich immer daran, dass mir zu früh der Finger aus der Wählscheibe rutschte und die Wählscheibe schon bei fünf wieder zurückdrehte, obwohl ich doch null wählen musste.
Eins, eins, null, verdammt. Seit Kurzem vertippe ich mich
auch im Traum immer auf dem Tastentelefon.

Das vermutlich erste Mobiltelefon in der deutschsprachigen Literatur gab es schon 1932 in Erich Kästners *Der
35. Mai*: »Ein Herr, der vor ihnen auf dem Trottoir lang-
fuhr, trat plötzlich aufs Pflaster, zog einen Telefonhörer aus
der Manteltasche, sprach eine Nummer hinein und rief:
›Gertrud, hör mal, ich komme heute eine Stunde später
zum Mittagessen. Ich will vorher noch ins Laboratorium.
Wiedersehen, Schatz!‹ Dann steckte er sein Taschentelefon
wieder weg, trat aufs laufende Band, las in einem Buch und
fuhr seiner Wege.«

Bald wird niemand außer echten Gehbehinderten mehr
mit zwei Stöcken herumlaufen. Warme Milch war jahrhun-
dertelang etwas, das man nur kleinen Kindern anbot. Dass

Erwachsene so was – leicht verdünnt mit Kaffee – in der Öffentlichkeit bestellen, ist wahrscheinlich Ausdruck einer vorübergehenden infantilen Verbreiung des Empfindens. Eines Tages bekommen die Leute wieder Kinder und trinken richtigen Kaffee, dann heißt es »Latte wat?«. Wer auf Latte Macchiato und all das nicht verzichten will, schreibt halt ein »Generation Nullnull«-Buch (siehe »Das A–Z der Stoffe«), möge dann aber bitte originellere Dinge nennen als die aufgezählten. Ein Beispiel für so ein Ding, das schon vor seiner Verbreitung überholt war, findet sich in der Erzählung »Mein erster Achttausender« (aus: *Leichte Mädchen*) von Malin Schwerdtfeger: »›Das ist lieb!‹, sagte Papa. ›Bringst du mir das Bildtelefon?‹«

Ein weiteres Risiko ist, dass die eigene feine Beobachtung plötzlich in Mode kommt. Seit Jahren wartete ich auf die erste Tetris-Wachtraum-Erwähnung. Dann war es so weit. Die erste, die ich las, war von Clemens J. Setz in: *Die Frequenzen*: »So wie man nach Tetris süchtig werden konnte, sodass man beim Einschlafen immer noch Blöcke sortierte, sie rotieren ließ und sogar nervös aufschreckte, wenn der lange Block in der Vorstellung nicht in die extra für ihn gebaute Spalte schlüpfte, sondern an der Kante hängen blieb. Es tat fast körperlich weh.« Die letzte von Kristof Magnusson in: *Das war ich nicht*: »Obwohl das Unterhaltungsprogramm alle möglichen Spiele anbot, entschloss ich mich für Tetris. Wie damals, mit fünfzehn, in der computertechnischen Steinzeit. In unserem Hobbykeller in Bochum, wo ich mit meinen Freunden so lange spielte, bis ich beim Einschlafen rotierende Blöcke sah.« Interessant die unterschiedliche Umsetzung: Bei Magnusson ist es ein kurzer Gruß an die, die wissen, wovon er redet, Setz erklärt das Phänomen auch für die, die Tetris gar nicht kennen. Der nächste Autor, der das Tetris-Motiv benutzt, könnte schon in Verdacht geraten, einer Mode zu folgen.

Musik

»Etwa zur selben Zeit gab es zum Frühstück Lieder von Biermann oder von den Doors oder Goulds Bach oder Verdis Requiem. Hauptsache, es knallte«, schrieb Eleonore Büning in der *Frankfurter Sonntagszeitung* vom 8. 3. 2009.

Mit der richtigen Musik kann man punkten, das wussten schon die Jungs und Mädchen, die damals für ihren Schwarm in stundenlanger Arbeit Kassetten zusammenstellten. Das gilt auch im Verhältnis von Text zu Leser. Wir sind so leicht zu begeistern, wenn der Autor die richtige Platte auflegt. So ging es auch dem britischen Autor Nick Hornby mit *Die Festung der Einsamkeit* von Jonathan Lethem: »Ich wusste, dass viele Funk-Stücke und Marvel-Comics vorkommen. Man könnte sagen, damit war er nicht nur genau auf meiner Straßenseite, er klopfte schon an meine Tür und guckte durch den Briefschlitz, ob ich zu Hause wäre« (Aus: *Mein Leben als Leser*).

Aber was ist die richtige Musik, und wie macht man es damit mehr als einer Handvoll Lesern recht? Etwas nehmen, das alle kennen, damit sich die richtige Stimmung einstellt – das ist zu einfach. Juror Burkhard Spinnen fasste es 2004 so zusammen: »Die hören Sinatra. Was hört man, wenn man was Charmantes hören will? Sinatra. Was hört man, wenn man Schwermut haben will? Tango. Nichts taugt zum Ausdruck, was ihn garantiert, das könnte von Lessing sein oder von mir.«

An die Tür von Juror Klaus Nüchtern klopfte 2005 Kristof Magnusson mit »Zuhause«. Wenn der Schauplatz eine isländische Disco ist, sollte man ja wirklich etwas zur Musik sagen: »Nur gelegentliche Lieder von den Bright Eyes oder Belle & Sebastian zeigten, dass sich die Discokugeln dieser Welt weitergedreht hatten. Ansonsten lief wie immer Pulp, Clash, Beck und Bowie, dazwischen die isländischen Rockklassiker Lúftgítar und Lóalóa. Auch der Hit der Riot Girl Band Grílurnar, die von dem Mädchen Sísí sangen, die nähend in ihrem Suzuki ausflippt, fehlte nicht. Wie immer.« Klaus Nüchtern dazu: »Ein Text, in dem Belle & Sebastian vorkommen, kann kein schlechter Text sein.« Es braucht so wenig, uns Leser milde zu stimmen.

Zu wichtig sollte die Musik im Text aber nicht sein, denn so leicht sich einzelne Leser beglücken lassen, so leicht fühlen sich die anderen ausgeschlossen, die das Stück nicht kennen. Entweder sollte das Musikstück nicht das einzige Bild für die Situation sein, oder der Autor sollte eine kleine Erklärung zur Musik und ihrer Wirkung einfügen.

Markennamen

Mit Markennamen ist es ähnlich wie mit der Musik: Schnelle Anbiederung möglich, großes Nostalgiepotenzial, aber das Risiko des schnellen Veraltens und des Überdrusses. Es ist aber auch albern, als Zeichen intellektueller Abgehobenheit oder herbeikonstruierter Zeitlosigkeit ganz auf Markenna-men zu verzichten und irgendwelche Umschreibungen zu suchen. Das betrifft nicht nur die bekannten Deonyme wie Uhu, Tempo und Vespa.

Vorbildlichen Umgang mit Markennamen zeigt Malin Schwerdtfeger in der Geschichte »Mein erster Achttausen-der«, aus: *Leichte Mädchen* (2001): Die Mutter der Protago-nistin bereitet eine Reise zum Everest vor: »›Neue Steigeisen und einen Daunenanzug von *Mountain Equipment*‹, sagte Mama zu Arne, ›ein Dreimannzelt von *Wild East*, Eisschrau-ben und 1000 Meter Seil.‹« Ausgeschlossen wäre, dass sie »einen hochwertigen Marken-Daunenanzug« und »irgend-ein Zelt« verlangt. Hier sind Markennamen unerlässlich. »Mountain Equipment« gibt es übrigens wirklich, das ist aber egal, denn der Name ist so, dass es die Firma auch geben könnte, wenn es sie nicht gäbe. »Wild East« könnte »Wild Country« sein, von der Firma gab es damals tatsäch-lich noch Himalaja-taugliche Zelte. Das stellt auch ehe-malige Trekkingladen-Aushilfsverkäufer zufrieden. Weniger gelungen dagegen ein anderes Beispiel aus dem Outdoor-Bereich: »Im Camp trugen sie Gore-tex-Sandalen und graue oder beige Funktionshosen mit Reißverschlüssen auf Höhe der Oberschenkel« (Antje Ravic Strubel, *Kältere Schichten der Luft*, 2007). Es gibt keine Gore-Tex-Sandalen und wird sie hoffentlich auch nie geben.

Tiere suchen ein Zuhause

Eichhörnchen, Islandponys und Echsen geben dem Zuhause Glanz oder Wärme. Tiere in Texten sind metaphorisch nicht zu verachten – was einhergeht mit einem gewissen Überfrachtungsrisiko: »Ich bin ein Symbol«, bellt der Hund. Meist eins für Einsamkeit nach dem Motto: »Seit ich die Menschen kenne, liebe ich die Hunde.« Oder: »Ich bin eine Vorahnung«, wiehert das »fliehende Pferd«. Den tierreichen Urlaubstext »Passion« las der Schweizer Autor Peter Stamm 1999 in Klagenfurt. Der Text zeige »auf schöne Weise, dass es einen Gott geben muss«, sagte Juror Thomas Hettche: »Nur ein gütiger Gott kann so wundervoll immer dann, wenn's gebraucht wird, ein Pferd oder eine Qualle verteilen auf der Welt, dass sie immer am richtigen Ort bereitliegt. Also ein Pferd, um zu beweisen, dass jetzt irgendwie Sexualität ins Spiel kommt, 'ne Qualle, um zu beweisen, dass jetzt irgendwas verloren und vorbei.«

»*Ist das von Belang? Ist es intensiv?*«

Interview mit Jo Lendle

Jo Lendle ist verlegerischer Geschäftsführer beim DuMont Buch-verlag und auch selbst Autor. Zuletzt erschien von ihm *Mein letzter Versuch, die Welt zu retten* (2009). Jo Lendle erzählte mir 2009 in Köln von seiner Arbeit als Lektor:

Ich werde immer wieder gefragt: Wie soll man denn nun zu einem Buchvertrag kommen, wenn nicht durch Einsendun-gen? Meine Antwort: Sendet keine unverlangten Manuskripte ein. Wir lesen diese Manuskripte, aber die schiere Menge unerfreulicher Erfahrungen senkt die Erwartung ans einzelne Manuskript innerhalb der Stapel. Wir Verlagslektoren sind nur einer von vielen Filtern und haben auch unsere Vorfil-ter. Das sind zum Beispiel Literaturzeitschriften, Wettbewerbe, Lesungen, Empfehlungen, meinetwegen auch Agenten. So ein Filter ist auch der »Open Mike«. Die Autoren, die dort vor-lesen, bekommen ihre Viertelstunde Beachtung. Das muss noch nicht eine Viertelstunde Ruhm sein, aber man kann ein-mal in voller Länge vorsingen. Ich habe mir dort jedes Mal Namen notiert und Autoren eingeladen, mir ein Manuskript zu schicken.

Du warst bei »Open Mike 2008« als einer von sechs Lektoren verantwortlich für die Auswahl der Texte, die dann später im Wettbewerb vorgelesen wurden. Wie trennst du die Spreu vom Weizen?

Ich lese die Texte nach diesem berühmten »Triage-System«, nach dem die Ärzte im Atomkrieg unterteilen: Wer ist so krank, dass man nichts mehr machen kann, bei wem lohnt sich eine Behandlung noch und wer ist so fit, dass er es selbstverständlich schafft.

Aus den hundert Texten waren es drei, die schon nach dem ersten Lesen gesetzt waren. Hinter diesen drei Texten stand ich wirklich, aber mehr hätte ich dann auch nicht gefunden. Darüber hinaus gab es etwa zehn Texte, die mir interessant erschienen und die ich mit etwas Abstand noch mal gelesen habe. Der mit Abstand größte Stapel enthielt leider die Fälle, bei denen sich Text und Leser gänzlich fremd blieben.

Was ist an den schlechten Texten schlecht? Gibt es da Kategorien?

Es gibt schon gewisse Typen schlechter Texte. Thematisch überdurchschnittlich vertreten sind zum Beispiel Kindergeschichten, schlimme Eltern, Eltern werden pflegebedürftig, gequälte Künstlerexistenzen, die Suche nach dem Vater, wobei sich herausstellt, dass jemand anders der Vater ist. Dann auch: Mit dem Beziehungspartner irgendwo im Süden sein und es passiert nichts. Bei gewissen Modellen habe ich das Gefühl: Aus diesem Plot kommt einfach kein Feuer mehr, den habe ich schon so oft gehört. Selbst, wenn die Leute durchaus zu schreiben in der Lage sind.

Siehst du es als problematisch an, wenn der Autor im Wesentlichen über seine eigene Lebenswelt schreibt?

Früher fand ich das immer ganz schlimm – aber wenn der Autor interessant ist ... Michael Stauffer, den ich mal zum Open Mike eingeladen habe, ist für mich ein Positiv-Beispiel. Er schreibt wilde, etwas durchgeknallte Sachen. Ich unterstelle, dass das, worüber er schreibt, nah an seiner eigenen Lebenswelt ist. Aber bei ihm stört mich das nicht.

Bei manchen Leuten will man es aber gar nicht so genau wissen, die können einem damit zu nahe kommen. In Frankreich schreiben alle nur noch Autofiction, auch gestandene Autoren schreiben einfach ihr Leben runter. Ich will dieses Genre nicht per se verdammen, man sollte aber aufpassen, dass man nicht die Verantwortung vor der Literaturgeschichte aus dem Auge verliert oder die Frage: Ist das von Belang, ist es intensiv? Es kann auch in Kleinigkeiten intensiv werden. Bei Tilman Rammstedt zum Beispiel könnte man sagen, dass er sich mit dem kleinen Nicht-zurande-kommen eines Ichs beschäftigt. Das finde ich relevant, weil es beispielhaft die spezifischen Verstrickungen zeigt, in denen wir heute stecken, und die anders sind als vor 50 Jahren. Ich habe aber überhaupt nichts dagegen, große Familiendramen, epochale Dramen erzählt zu bekommen.

Es gibt heute so einen »Guantanamo-Effekt«. Wir leben in einer Wohlstandsgesellschaft, da gibt es den latenten Vorwurf: Geht doch erst mal in den Krieg, bevor ihr was schreibt. Ihr könnt nicht über euer eigenes Leben schreiben, weil es nicht von Belang ist, und über andere könnt ihr auch nicht schreiben, weil es dann künstlich nachgeplappert klingt. Aber dem Kino wirft man auch nicht vor, dass es große legendarisierte

Geschichten erzählt, obwohl der Regisseur damit persönlich nichts zu tun hat.

Steht es den Autoren manchmal im Weg, immer etwas ganz Besonderes erschaffen zu wollen?

Ja, wahrscheinlich schon. So löblich das Vorhaben ist, dahinter warten viele Sackgassen. Unter Autoren ist es zu Recht verpönt, sich die Frage zu stellen, ob ich mein Buch auch in zwei Sätzen zusammenfassen kann, ob ich dem Ganzen einen Griff gebe, an dem es sich tragen lässt. In den Verlagen dagegen geht es – ebenfalls zu Recht – um wenig anderes. Und dann gibt es Bücher wie Tilman Rammstedts *Der Kaiser von China*, die man niemals in zwei Sätzen zusammenfassen kann, denen das zum Glück aber vollkommen egal ist.

Die dritte Dimension

Wie der Text Tiefe erhält

> Wir können auch zwischen den Zeilen lesen. –
> Aber da steht doch gar nichts.
>
> Rainald Grebe

Immer wieder suchen die Juroren in Klagenfurt nach der Tiefe, dem Geheimnis, dem Subtext, der Geschichte unter der Geschichte. Gute Geschichten haben offenbar so etwas, schlechten fehlt es. Ist das Esoterik? Metaphysik? Marcel Reich-Ranicki nennt das Phänomen den »doppelten Boden«: »Die meisten Leser nehmen nur Kenntnis von dem, was sich auf Anhieb wahrnehmen lässt, sie ahnen nicht, dass in der Novelle oder im Gedicht noch etwas enthalten ist, ein zweiter, über das unmittelbar Erkennbare hinausgehender Inhalt. Es mag sein, dass es dem Autor gerade darum geht, was er versteckt hat, dass er also dem Schmuggler ähnelt, der mit einem doppelten Boden arbeitet« (Aus: *Der doppelte Boden*).

Woran erkennt man dieses seltsame Geschehen in der Tiefe, und wie lässt es sich herstellen? Ich stelle mir das vor wie all diese merkwürdigen Dinge, die unter der Erdoberfläche passieren. Wir laufen und fahren auf befestigtem Boden durch die Gegend, vom Brodeln im Erdinneren merken wir dabei nichts. Es sei denn, es kommt an die Oberfläche: Ganz dezent durch kleine Rauchwölkchen oder Bläschen im Wasser, so, wie man das in Island anschauen kann. Da treten die Dämpfe und Flüssigkeiten als Fumarolen und Geysire zutage. Oder etwas auffälliger durch Vulkanausbrüche und Erdbeben. Tiefe haben die Geschichten, die das Brodeln unter der Oberfläche miterzählen. Bei denen es an den Rändern knirscht oder man durch kleine Löcher hindurch einen kurzen Blick in einen Abgrund werfen kann.

Die flachen Texte sind die, die nur die Oberfläche zeigen, in denen alles bekannt ist und alles erklärt wird. In denen der Erzähler sagt, was richtig ist und falsch. Diese Texte sind genauso langweilig wie Menschen, die in einer Welt von absoluten Wahrheiten leben: Cappuccino nur mit Milchschaum, Geräte nie auf Standby, Männer können nicht zuhören und Frauen nicht einparken, Arbeit macht frei. Wer gar keinen Zweifel hat, dass die Welt so ist, wie er sie sieht, schreibt Texte ohne Tiefe. Auf der Strecke bleibt die Neugier des Lesers: Welt erklärt, keine weiteren Fragen. Dabei werden wir doch täglich darauf gestoßen, wie wenig wir wissen.

Jeder lebt in seiner eigenen Wirklichkeit, sagt der Kommunikationswissenschaftler Paul Watzlawick (*Wie wirklich ist die Wirklichkeit?*). Dass das so ist, erkennt man manchmal an Kleinigkeiten. Ein Schulfreund war rot-grün-blind. »Nur leicht«, sagte er, »eigentlich fast gar nicht.« Eines Tages fragte er mich, ob der Unterschied wirklich so groß sei zwischen der obersten Lampe der Ampel und der untersten.

Aber wenn andere Leute schon ganz andere Ampeln sehen als ich, dann sehen sie wohl auch andere Stoppschilder, andere Wälder, womöglich hören sie auch ganz andere Musik, sogar wenn es dieselbe ist. Schmecken für andere Leute Äpfel so, wie für mich Birnen schmecken? Verschwindet der Tisch, wenn ihn gerade niemand anschaut? Ist die Welt noch da, wenn ich vom Klo komme? Ist meine Frau noch da, wenn ich vom Tanken zurückkomme? Werde ich vom Tanken zurückkommen? Wie wirklich ist meine Wirklichkeit?

Wenn mit dieser Ungewissheit gearbeitet wird, wenn der Text nicht selbstgewiss daherkommt, sondern einen Blick ins Innere zulässt, erhält der Leser einen Raum für eigene Deutung. Der Autor Uwe Johnson in: *Ich überlege mir die Geschichte*: »Wozu taugt der Roman? Er ist ein Angebot: Sie bekommen eine Version, einen Zustand der Wirklichkeit. Es ist nicht eine Gesellschaft in der Miniatur, und es ist kein maßstäbliches Modell. Es ist auch nicht ein Spiegel der Welt und weiterhin nicht ihre Widerspiegelung; es ist eine Welt, gegen die Welt zu halten. Sie sind eingeladen, diese Version der Wirklichkeit zu vergleichen mit jener, die Sie im Kopf haben. Vielleicht passt der andere, der unterschiedliche Blick in den Ihren hinein; gewiss werden Sie bemerken, warum er zu Ihrem Blick nicht stimmt.«

Die eine und die andere Wirklichkeit

Beim klassischen »Wer hat's getan«-Krimi ist klar, welche Wirklichkeiten sich begegnen: Die zunehmende Kenntnis des Ermittlers steht gegen das, was (nur) der Verbrecher weiß. Bei anderen Geschichten ist das oft subtiler: Da schwelen Geheimnisse und Traumata im Untergrund, Lügen und Ungewissheiten. Die kann der Autor nach und nach alle aufdecken. Er kann uns aber auch kleine Rauchzeichen geben, Andeutungen, Metaphern, dezente Hinweise. Die Beziehungen der Figuren werden durch solche Rauchzeichen oft besser abgebildet: Die können oder wollen ja auch nicht alles voneinander wissen. Dem Leser müsse die Möglichkeit gelassen werden, dass er »selbst sich ein paar Sachen zusammenklamüsern und etwas zum Text hinzutun kann«, sagte Robert Schindel einmal in einer Jurydiskussion. Den besprochenen Text (»Deauville« von Daniel Zahno) fand er »geheimnislos«: »Wenn dort ausdrücklich immer wieder gesagt werden muss, hör zu, du Hummer, du bist ich und ich bin du, dann ebnet dieser Text die Abgründe ein.«

Der andere Blick

Ein offensichtliches Modell, unterschiedliche Wirklichkeiten gegenüberzustellen, wird auch bei Kinderbüchern oft gewählt: Man lässt einfach jemanden unsere Welt kommentieren, der sie noch nicht kennt. Wer jedes Ding, jede Gewohnheit zum ersten Mal oder von einer anderen Seite sieht, kann uns vielleicht etwas Neues darüber erzählen. Man erzählt zum Beispiel aus der Sicht von Außerirdischen, Zeitreisenden, Verrückten, Sachen, Tieren. Diese neugierige Sicht der Dinge soll der Leser mit seiner eigenen vergleichen. Die Wirklichkeit der Figur trifft auf die des Lesers.

Ein Beispiel für so einen fremden Blick gab es in den Achtzigerjahren im amerikanischen Fernsehen: Gordon Shumway, ein kleinwüchsiger Obdachloser, findet Unterschlupf im Haus der Familie Tanner. Damit er keinen Ärger mit den Behörden bekommt, darf er das Haus nicht verlassen. Gordons einzige Verbindung zur Außenwelt sind die Tanners, die Eltern Kate und Willy und die Kinder Lynn und Brian, ein paar seltene Besucher, das Telefon und das Fernsehen. Gordon Shumway ist »Alf«, der pelzige Alien aus der gleichnamigen amerikanischen Serie. Er kennt das Leben auf der Erde nur in Gestalt des Einfamilienhauses der Tanners und ihrer Bewohner und seltenen Besucher. 102 Folgen der Serie wurden genährt durch die Konflikte zwischen Alfs Weltsicht und der Wirklichkeit der Familie Tanner. Dabei entsteht nebenbei dann auch knallharte Medienkritik, denn was sich Alf da aus dem Fernsehen für ein Weltbild zusammenklamüsert, ist natürlich hanebüchener Unsinn.

Der verschobene Blick

»Für den kleinen Moment der Lektüre habe ich die Welt anders gesehen, und ich will wissen, warum«, sagte Juror Hardy Ruoss zu »Pong«, dem Text, mit dem Sibylle Lewitscharoff 1998 den Bachmannpreis gewann. Pong ist ein bisschen irre. Er bezieht alles auf sich, sogar die Straßennamen, »the world according to Pong«. Aus dem Text: »Einem Verrückten gefällt die Welt, wie sie ist, weil er in ihrer Mitte wohnt. Nicht irgendwo in irgendeiner Mitte, sondern in der gefährlich inschüssigen Mittemitte, im Zwing-Ei. ... Es ist das Flimmerheer der tausend Zeichen, das seinen Kopf malefiziert, Kurfürstendamm, die breite Einfahrt zur Hölle, Blinkzeichen rechts ein Nebenabzweig zur Hölle, Blinkzeichen links dito, alle Zeichen dito, Fisch im Bikini dito dito, Befehle von überallher, Bleibtreu-Befehl, Uhland-Uhrzeigbefehl, Litzenfehl-Obachtbefehl, Fasanen-Rupfbefehl, zig zig Eisschleckbefehle, Bratbefehle, Ohrverderbbefehle, Lupf-die-Tassen-Befehle, Hosenplatzbefehle, Blutacker, ein schlimmer Haarbürstbefehl, Blutacker, ein Erbrechen von Grün ein Erbrechen von Gelb ein Erbrechen von Rosa, und Zähne und Lichter und wehendes Haar, die tückischen Verschwörer lächeln, und nirgends der felsige Pfad um die Biegung hinauf, und keine Mulde wohinein die Hände und kein Loch wohinein der Kopf und keine Grube dahinein der Leib.«

Der unvollständige Blick

Wahrheit ist nicht zu erlangen. Schon gar nicht über Vorgänge, die vorbei sind. Wir können die Vergangenheit nicht nacherleben. Der Autor kann die Lücken füllen und die fehlenden Informationen dazuerfinden, das ist die Technik bei den meisten historischen Romanen. Er behauptet damit: »So könnte es gewesen sein.« Oder er macht die Lücken kenntlich und beschränkt sich auf die verfügbaren

Mittel. So ging Uwe Johnson bei seinem Roman *Mutmas-sungen über Jakob* vor.

Jakob Abs, Dispatcher bei der Eisenbahn der DDR, ist nachts bei Nebel von einem Güterzug überfahren worden. Zeugen gibt es nicht. Im Laufe des Romans erfährt der Leser von Jakobs Freundin Gesine, dem Spionageoffizier Rohlfs und dem Wissenschaftler Jonas Blach, der wie Jakob auch in Gesine verliebt ist, was sie über Jakobs Leben wissen. Nach und nach entsteht so ein unvollständiges Bild von Ja-kobs letzten Monaten: Rohlfs wollte Jakob zur Spionage für die DDR anwerben. Er sollte über Gesine, die als Fremd-sprachensekretärin in den Westen gegangen ist, Unterlagen besorgen. Der Ungarn-Aufstand und die Abfertigung von Waggons mit Waffen müssen Jakobs Bild von der DDR verändert haben. Es bleibt offen, ob Jakob durch Unfall, Suizid oder Mord ums Leben gekommen ist. Uwe Johnson dazu: »Das Erzählen fängt an, wenn die Geschichte zu Ende ist. Die Frage ist nun: Was bleibt von einem Menschen übrig im Gedächtnis seiner Umgebung?«

Ein weiteres bewährtes Beispiel ist die von Thomas Bern-hard – etwa in: *Das Kalkwerk* – gewählte Methode, der Ge-schichte einen Berichterstatter aus zweiter Hand vorzu-schalten (»soll Konrad gesagt haben«, »so Wieser«) und die gesamte Handlung komplett in den Konjunktiv zu kip-pen. Für den Leser öffnet sich so unter seinen Füßen ein Abgrund der Spekulation. Der Plot kann fugenlos und kon-sistent erscheinen, aber – huch! – wenn man nach unten schaut, ist er womöglich nicht nur einmal, sondern zwei-mal erfunden. Und alles könnte auch ganz anders gewesen sein.

Der Selbstbetrug

Eine neue Gattung »Selbstberuhigungstexte« machte Juror Klaus Nüchtern aus, darunter fielen »Sie befinden sich hier« von Kathrin Passig (Bachmannpreis 2006) und »Die Geschichte meiner Einschätzung am Anfang des dritten Jahrtausends« von PeterLicht (3sat-Preis 2007). In beiden Texten behauptet der Ich-Erzähler unermüdlich, es sei eigentlich alles in Ordnung. Der Leser hat jeweils Lüge und Wahrheit zu unterscheiden. Er bekommt genug Anhaltspunkte, um die Lage realistischer einzuschätzen als der Ich-Erzähler. Die gewünschte Wirklichkeit reibt sich an der Katastrophe.

Die Hauptfigur in Kathrin Passigs Erzählung »Sie befinden sich hier« gräbt sich irgendwo im tschechischen Riesengebirge in den Schnee. Sie und ihre Begleiterin Anne haben sich auf einem Spaziergang im Schneesturm verirrt. »Meine punktförmige Existenz wird nicht von allein mit einem warmen Ort zusammenfallen.« Wenn es ein aktives Wort für »verschollen« gäbe, hier würde es passen: Der Leser schaut dem Held oder der Heldin beim Verschellen zu. Unter Aufwendung von allerlei Wissen, unter anderem aus Bergbüchern, redet die Figur sich ein, die Lage einigermaßen im Griff zu haben: »Wenn ich sterbe, nimmt dieses ganze Wissen die Form eines nutzlosen, gefrorenen Eiweißklumpens an … Aber ich werde natürlich nicht sterben …« Nach und nach erfährt der Leser, dass die Begleiterin Anne irgendwann auf der Strecke geblieben ist. Während die Figur noch hofft, weiß der Leser schon, dass wir beide verlieren werden. Juror Klaus Nüchtern nannte die Geschichte einen »Kontrollverlustüberkompensationstext, der, je schlim-

mer es wird, umso souveräner wird in den Erklärungen –
Pfeifen im Walde oder Philosophieren im Schnee«.

Nach einem ähnlichen Prinzip ist PeterLichts Text »Die
Geschichte meiner Einschätzung am Anfang des dritten
Jahrtausends« aufgebaut. In diesem Text ist es für den Leser
noch schwieriger, aus dem Gerede herauszufiltern, wie die
Lage wirklich ist. Er stolpert dem Autor eigentlich immer
hinterher. Der erklärt etwas, nimmt es gleich darauf zurück,
relativiert das dann wieder. »Es geht mir gut«, der Anfangs-
und Schlusssatz, ist die große Lüge des Textes, der vom hei-
mischen Sofa nach und nach in die Apokalypse führt: »Das
Loch im Betonboden wäre ja schon für sich gesehen gar
nicht so unbeunruhigend gewesen, aber o. k. – eigentlich war
der Boden, insbesondere der Beton, wirklich ein sehr guter
Beton, mit dem man Pferde hätte stehlen können. Der Boden
hatte eine sehr gute Qualität, so viel ist sicher. Ein Kom-
fortboden. Trittschall, Wärmedämmung, Raumklima. Nein,
das alles wäre ja vielleicht noch o. k. gewesen, wenn nicht
ausgerechnet die Scheiben auch zersprungen gewesen wären.
Ein abstrakter Sprühregen aus Splittern, Aluminiumfetzen,
Stahl-, Mörtel- und Betonraspeln geisterte umher.«

Das Recht auf Verdrängung

»Heul doch!«, las die junge Autorin Melanie Arns 2002 in
Klagenfurt. Die Ich-Erzählerin ist ein Mädchen, fast erwachsen, das ziemlich rotzig über sein Leben im niederrhei-
nischen Dorf und ihre Familie herzieht. (Mutter hat Kopfschmerzen): »Ja, wo soll denn das hin und wo soll denn ihr

Mann hin, wenn sie krank wird und mittwochs Kopfschmerzen hat, mit seiner Erektion! Wo soll er denn dann bloß hin damit! – Das weiß kein Mensch. Mäuschen liegt im Bett und hat Angst. Sonst nichts.« Das ist flapsig an der Oberfläche, im Untergrund schwebt Missbrauch der Ich-Erzählerin durch den Vater. Das Mädchen muss so reden, weil es sie zu hart ankäme, direkt über die Verletzungen zu reden. Die Abwehrstrategie zu beobachten zeigt die Tragik besser, als es eine direkte Schilderung könnte.

Die amerikanische Zeichnerin und Autorin Alison Bechdel hat in ihrem Comicroman *Fun Home – Eine Familie von Gezeichneten* die Mittel des Genres genutzt, um unterschiedliche Wahrnehmungen darzustellen. Sie illustriert die Geschichte ihrer Kindheit mit Comiczeichnungen, die dem zusammenhängenden Text unterlegt sind. Leitthema ist die versteckte Homosexualität des Vaters. An manchen Stellen passen Bild und Text nicht zusammen. Auf den Bildern ist zu sehen, was Alison als Kind nicht sehen konnte oder wollte.

Das gefährdete Gleichgewicht

Durch eine kleine Veränderung wird klar, dass das Leben nicht ganz so glattläuft, wie der Held es sich bis dahin vorgestellt hat. In: »Der Pfeiler« von Burkhard Spinnen (Stipendium der Kärntner Industrie 1992) fährt Dombeck täglich über die Rheinbrücke, um von seinem Reihenhaus zur Arbeit und zurück zu kommen. Er führt eine ganz zufriedene Ehe, die Tochter ist gerade zum Studieren ausgezogen, in der Firma drohen Veränderungen. Eines Tages glaubt Dombeck zu sehen, dass einer der Brückenpfeiler schief steht. Dombeck besorgt eine Wasserwaage, die er nur bei geöffnetem Schiebedach transportieren kann, und versteckt sie in der Nähe der Brücke im Gras. Bei der Vermessung des Pfeilers wird er vorübergehend festgenommen. Dombeck hat erlebt, dass es unter der Oberfläche seines fast perfekten Lebens gefährlich brodelt.

Er sagt, sie sagt

Die Figuren gehen von unterschiedlichen Voraussetzungen aus. Der Leser kann zusehen und raten, ob sie es irgendwann merken. Ein Beispiel für diese Art von Übermittlungsfehler findet man in dem Erzählungsband *Fluchtversuche* von Markus Orths, in der Geschichte »Konrad spricht«:

»Jetzt spricht er wieder davon, wie Heike als Kind ihre Mutter erhängt vorgefunden hat, die Geschichte ist alt, ich kenne sie, Heike, vier Jahre alt, zieht Duschvorhang weg, ihre Mutter baumelt, ist traumatisch natürlich nicht von der Hand zu weisen, während meine eigene Kindheit, aber das sagte ich bereits.« Der Text ist ein innerer Monolog, bei dem sie laufend kommentiert, was dieser Konrad da redet. Konrad glaubt, sie höre ihm immer noch tief beeindruckt zu. Irgendwann wird sie handeln.

Tiefe Tragik, tiefer Sinn – so geht's nicht

Wenn die Reibung fehlt, wenn der Autor uns die Welt erklärt, wie sie ist, hilft es auch nichts, wenn die Protagonisten besonders nachdenklich und empfindsam daherkommen. Insbesondere dann nicht, wenn diese Nachdenklichkeit und Empfindsamkeit dargestellt wird anhand von üblichen Nachdenklichkeits- und Empfindsamkeitssymbolen. Das kann die Träne im Augenwinkel sein, das Hören von bestimmter Musik (Chopin, Chet Baker, Leonard Cohen), das Anschauen von Filmen von Luis Malle und das einsame Herumsitzen in Bars. Es ist überhaupt immer ein Ärgernis, wenn der Protagonist als empfindsamer dargestellt wird als seine Umwelt. Wir sind doch alle voll sensibel, auch wenn man es uns nicht so anmerkt. Jedenfalls fast alle. Nicht hinter jeder harten Schale steckt ein weicher Kern, und stille Wasser sind manchmal einfach nur still. Tiefe entsteht auch nicht durch das Auslösen von Rührung. Manche Leute weinen schon, wenn ein Sportler mit einer Medaille um den Hals versucht, seine Nationalhymne mitzusingen. Trauer, Leid, Kummer, tiefe Tragik – Schilderungen von Verlust, Ungerechtigkeit und Einsamkeit können zwar Mitleid erzeugen, genügen aber für sich nicht, einen Text auch literarisch besonders oder bedeutend zu machen.

Zentnerschwerer Wackersinn

Die literarische Qualität, die Tiefe eines Textes hat nichts zu tun mit der Lauterkeit des Anliegens. Wenn Autoren ein Ziel haben, aufrütteln wollen, zum Umdenken animieren, geht das meistens schief. Es kann sein, dass sich mit Büchern auch die Welt verbessern lässt oder zumindest der Leser. Autoren sollten sich da aber nicht zu viel versprechen. Dass aus Geschichten jemand genau das lernt, was der Autor lehren will, ist doch sehr ungewiss. Das funktioniert schon bei den leichter beeinflussbaren jüngeren Menschen nicht: Kinder hassen ihre kleine Schwester nicht weniger, nur weil im Buch der braune Bär und der weiße Bär am Ende doch Freunde werden. »Christiane F.« hat wahrscheinlich mehr Kinder an Drogen gebracht als davon abgehalten. Mädchen lernen, wie man sich zum Kotzen bringt, indem sie Jugendbücher gegen Magersucht lesen.

Nicht alle Menschen auf der Welt leben wie wir. Genau genommen leben die wenigsten so wie wir. Viele haben es – nach unseren Maßstäben – schlechter. Es gibt Krieg, Hunger, Arbeitslosigkeit, Pflegenotstand, Flüchtlingselend, Naturkatastrophen. Das wissen wir aus Erfahrung, aus Nachrichten und Reportagen, Schicksalsberichten und Dokumentarfilmen. Erzählende Literatur kann uns berichten von Menschen, die unter anderen Umständen leben als wir. Wir können uns dann ein Bild von ihrem Leben machen. Literatur kann »den Migranten«, »den Verfolgten«, »den Unterdrückten« Gesicht und Stimme geben, dann kommen sie uns näher. Das funktioniert aber nur, wenn »der Verfolgte« als Person ernst genommen und auch so beschrieben wird.

Verfolgt sein ist kein Charakterzug, kein Geburtsmakel und kein Beruf. Den Unterdrückten auf sein Unterdrücktsein zu reduzieren unterdrückt ihn zusätzlich.

2009 fiel in Klagenfurt bei den meisten Juroren ein Text durch, der sich mit dem Flüchtlingselend befasste. In »Die Welt der schönen Dinge« von Linda Stift wird eine Flucht mit einem Schlepper-LKW aus einem imaginären Flüchtlingsland in irgendein westliches Industrieland geschildert. Linda Stift wählte eine Wir-Perspektive: »Wir zogen die Knie an die Brust und warteten. Männer, Frauen. Wie viele? Wir zählten nicht durch, der Mann hatte keinen Appell durchgeführt. So blieb unsere Anzahl ungewiss. Kein Lichtstrahl drang zu uns durch. Ein Kramen und Rascheln begann. Einer nach dem anderen holten wir unsere Taschenlampen aus den Rucksäcken, den neuen, aus bunten Kunststoffen, die wir für diese Reise extra besorgt hatten.« Jurorin Meike Feßmann stieß sich an der Wir-Perspektive: »Werden Flüchtlinge alle gleich, wenn sie flüchten?« Alain Claude Sulzer war die Darstellung der Flüchtlinge zu flach: »Die sprechen genau so, wie wir es uns vorstellen, wenn wir nicht genau recherchieren, wie es wohl so ist, in einem Lastwagen eingesperrt zu sein.« Die Figuren werden nicht plastisch, weil sie alle in einem »Wir« zusammengepfercht werden. Keine kommt dem Leser nah. Der Erkenntnisgewinn: Es ist schrecklich, in einem Lastwagen sein Land zu verlassen.

Es genügt nicht, wenn in einer Geschichte Missstände angeprangert werden, die wir längst kennen. Was sollen wir damit anfangen? Wir sollen sagen: »Ja, das ist wirklich schrecklich.« Lesen wir dafür Romane? »Zentnerschweren Wackersinn« nannte Sten Nadolny den Habitus, mit dem in Büchern für die gerechte Sache eingetreten wird. Gerhard Henschel meint wohl dasselbe, wenn er von linkem »Kitsch« spricht: Dieser Kitsch entstehe, »wenn um der guten Sache willen gebetet, geknetet, gefastet, gebacken, gereimt, geschleimt, gedichtet, gefilmt, gesungen und geträumt wird und Kunstgebilde entstehen, die keinen Gedanken, keine Aufklärung, keine Einsicht und keinen Fortschritt befördern, sondern nur das ebenso wohlige wie trügerische Gefühl, dazuzugehören und dabei zu sein, wenn die Guten tuten« (Aus: *Die Linke und der Kitsch*).

Uwe Johnson, der in seinen Büchern unter anderem das Leben unter dem DDR-Regime dargestellt hat, erklärte dem Leser seine Rechte: »Sie haben sich das Recht erworben auf eine Geschichte. Die Lieferung einer Quintessenz oder einer Moral ist Bruch des Vertrages zwischen Ihnen und dem Verfasser des Romans. Mit dem Roman ist die Geschichte versprochen. Was dazu gesagt wird, sagen Sie.«

»*Edle Motive genügen nicht*«

Interview mit Daniela Strigl

Daniela Strigl, Germanistin an der Universität Wien und Literaturkritikerin unter anderem für *Der Standard*, den österreichischen Rundfunk und die *Frankfurter Allgemeine Zeitung*, war von 2003 bis 2007 Jurorin bei den Tagen deutschsprachiger Literatur in Klagenfurt. Sie hat mit mir am 12. November 2009 in Wien über die Auswahl der Texte für den Klagenfurter Wettbewerb gesprochen.

Frau Strigl, als Jurorin bei den Tagen deutschsprachiger Literatur in Klagenfurt waren Sie auch für die Auswahl von jeweils zwei Kandidaten zuständig. Wie war Ihre Erfahrung mit den eingesandten Texten?

In den ersten Jahren hatte ich jeweils etwa 400 Texte, da ist man so dankbar für etwas Überraschendes, für das etwas andere. Ich konnte natürlich nicht alle 400 Texte lesen, man weiß sehr bald, wenn ein Text nicht infrage kommt, und wird leicht auch aggressiv. Wenn man einige sehr schlechte Texte gelesen hat, dann ist man froh und milde gestimmt über jeden Text, in dem sich der Autor etwas traut und auch mit einer gewissen Sorgfalt vorgeht. Es müssen schon ein paar Dinge zusammenkommen, damit ich stutze und denke: Die-

sen Text möchte ich jetzt in Ruhe ganz lesen, nicht nur über-
fliegen.

Können Sie persönliche Auswahlkriterien nennen?

Ich muss persönlich etwas mit dem Text anfangen können, weil ich ihn ja später auch verteidigen können und wollen
muss. Die Begeisterung für einen Text kann man ja nicht vor-
spielen.

Eine Regel lässt sich da schwer formulieren. Als ich zum Beispiel 2004 den Text von Uwe Tellkamp zum ersten Mal gelesen
habe, habe ich gedacht: »Das ist nicht mein Fall, mit dem werde
ich mich sicher nicht anfreunden.« Natürlich hat jeder gemerkt,
dass es sprachlich sehr gut funktioniert, dass der Text verspielt
ist und etwas will. Aber es gibt eben Texte, bei denen ich denke:
Das ist virtuos, aber es lässt mich persönlich kalt. Natürlich
lese ich so einen Text trotzdem viel lieber als den zehnten kit-
schigen Beziehungstext.

*Wenn Sie sagen, »man wird aggressiv« beim Lesen: Was kann
Sie an Literatur ärgern?*

Mich ärgern Texte, bei denen versucht wird, mit dem Drü-
cken auf die Tränendrüse oder mit politisch korrekten Frage-
stellungen und dem Appell an die Moral zu punkten. Das ärgert
mich, weil ich weiß, man kann schwer etwas dagegen sagen.
Nein: Eigentlich kann man immer was dagegen sagen, wenn
es schlecht geschrieben ist, und da nützt es nichts, wenn der
Autor, die Autorin edle Motive hat, oder wenn der Held genau
das Richtige tut. Man merkt einfach, wenn damit spekuliert
wird. Es ist ärgerlich, wenn die Jury oder die Kritik vom Autor für
so blöd gehalten wird.

Man weiß natürlich nicht immer, ob der Autor nur naiv gewesen ist und doch mit Herzblut geschrieben hat, es ihm aber einfach missglückt ist. Oder ob da wieder jemand versucht, über den Umweg der Moral ästhetisch zu reüssieren.

Ich mag es auch nicht besonders, wenn etwas sehr modisch daherkommt. Es gibt in der Literatur ja auch Konjunkturen. Wenn ich das Gefühl habe, es geht dem Autor eher darum, so einer Konjunktur zu folgen, als dass er ein irgendwie ernsthaftes Anliegen hat, dann lassen mich seine Texte kalt. Ein »ernsthaftes Anliegen« kann dabei durchaus auch eine witzige Lösung sein. Aber auch wenn ein Text witzig geschrieben ist, muss er doch irgendwie ernst gemeint sein.

Können Sie thematische Wiederholungen feststellen? Geschichten, die Sie immer wieder lesen?

Es gibt viele Liebesgeschichten und Elterngeschichten, vielleicht noch Szene-Texte, also städtische Umwelt, Berlin-Geschichten. Ich lasse mich aber eher von einer abgenutzten Form abschrecken als von einem bereits übererfüllten Sujet. Auch die zehnte Beziehungsgeschichte oder Geschichte von einer hinsiechenden Mutter oder einem verschwundenen Vater würde ich mir noch anschauen, wenn sie interessant gemacht ist, wenn der Autor dem Thema noch etwas hinzufügen kann.

Wenn ich mir die erste Seite eines Textes anschaue, ist meine erste Frage immer: Wie ist der Ton, wie ist das geschrieben? Der Idealfall ist aber schon, dass auch das Thema neu ist. Oder dass ein Thema anders behandelt wird, ironisch oder satirisch. Bei einem durchgekauten Thema ist die Gefahr besonders groß, dass es kitschig, trivial oder langweilig wird.

Was für Texte wünschen Sie sich?

Ich wünsche mir Texte, denen man anmerkt, dass sie die Autoren selber wirklich interessieren, Texte, die nicht als Fingerübungen geschrieben werden, sondern weil die Autoren etwas zu sagen haben. Wenn sie das nötige Talent haben, wird dabei auch etwas herauskommen. Man sollte da nicht unbedingt eine Vorgabe machen, wie zum Beispiel, das müsse ein zeitkritischer Text sein oder der relevante Text zum Thema »20 Jahre Mauerfall«.

Es ist schwer, da ein Rezept zu formulieren. Der Autor oder die Autorin sollte mit der nötigen Distanz herangehen und auch in der Sprache ehrgeizig sein.

Menschliche Zwischenfälle I

Dialoge

> Auch dein Vater, der wohlhabende Kommerzienrat,
> dessen – wie du weißt – einzige Tochter du bist,
> steht stets mit den Hühnern auf, um vor allem in
> die Kirche und dann an die Arbeit zu eilen.
>
> Robert Neumann, *Mit fremden Federn*

Wenn zwei Menschen aufeinandertreffen, droht Schlafgemach (Sexszene) oder Ungemach (Dialog). Zum Sex kommen wir im nächsten Kapitel, meistens wird ja sowieso zuerst geredet. Dialoge bestehen bereits aus Wörtern, das ist praktisch. Es sollte die Autoren aber nicht dazu verleiten, diese Wörter so aufzuschreiben, wie sie gesprochen werden, wenn sich Leute unterhalten: vollständig, in ihrer ganzen quälenden Echtheit. Das liest sich meistens nicht authentisch, sondern einfach nur blöd.

Wer schon mal ein Interview für eine Zeitung geführt hat, weiß, wie das geht: Man bringt den Interviewpartner ins Plaudern, wirft ein paar Stichworte ein und schreibt anschließend nach der Aufnahme Fragen und Antworten zusammen. Es gibt sehr, sehr wenige Menschen, die »druckreif«

sprechen, und die geben oft Statements ab, die literarisch auch nicht ergiebiger sind. Die vielen anderen vergessen das Haupt- zum Hilfsverb, reden vor dem Komma über ein anderes Thema als hinter dem Komma und möchten auf keinen Fall gedruckt lesen, was sie tatsächlich wörtlich gesagt haben. Die Sätze, die dem Interviewten später beim Autorisieren am besten gefallen, hat oft erst der Interviewer geschaffen.

Zwischen »Was reden die für einen Mist?« und »So redet doch kein lebender Mensch« sollten literarische Dialoge sich bewegen. »Dem Volk aufs Maul schauen« – wer will das schon, wenn da nur Käse rauskommt? Immer ist ein großes Maß an Verkünstlichung erforderlich, damit es sich einigermaßen plausibel liest. Das erfundene, zugerichtete Gerede liest sich dann oft authentischer als das, was Leute wirklich sagen. Für das Schreiben von Dialogen gibt es Anleitungen, deshalb weise ich nur auf die gängigen Ärgernisse hin.

Technische Fragen

Gänsefüßchen, Anführungszeichen, Guillemets – das sind diese Häkchen, die anzeigen, dass jetzt gesprochen und wieder damit aufgehört wird. Sie sind sehr praktisch. Man findet für die wörtliche Rede auch Kursivdruck, Spiegelstriche und Zeilensprünge oder (zusätzlich) die »Inquit«-Formel »sagte er« mit Varianten. Wie auch immer das gelöst ist: Alles gut, solange wir erkennen können, dass jemand spricht. Noch schöner ist es, wenn wir auch erkennen können, wer gerade spricht.

Und wie wird das Gesagte gesagt? Wer öfter Kinderbücher vorliest, hat sich vielleicht schon mal darüber geärgert, wenn er – um lebendiges Lesen bemüht – »OH NEIN, EIN RIESENKRAKE« rief, um dann mit »flüsterte der kleine Fisch« fortzufahren. Da macht man sich nicht nur vor den Kindern unglaubwürdig. Es ist auch ernüchternd, wenn man still vor sich hin etwas liest und die Regieanweisung erst bekommt, wenn man es sich schon falsch vorgestellt hat. Alles, was den Lesefluss stoppt, ist schlecht. Wenn also Regieanweisung, dann rechtzeitig.

So, wie man im Internet angeblich Anleitungen zum Bombenbauen und zu allerhand nützlichen Sexualtechniken entdecken kann, findet man dort auch Anleitungen zum Dialogeschreiben. In einem Weblog wird zum Beispiel davor gewarnt, jemals sagen/sagte zu benutzen. Es gebe »tausend treffendere Wörter«, zum Beispiel »brüllte, flüsterte, gestand, offenbarte, erklärte, keuchte, jammerte, frohlockte, weinte, lachte …« Dagegen hilft, sich einmal wirklich vorzustellen, wie eine Figur einen Satz »lacht«. Vor solchen Peinlichkeiten möchte man nicht nur den Autor, sondern auch die Figuren bewahren. Man könne, steht dort weiter, eigentlich jedes beliebige Verb verwenden nach dem Muster: »›Folge mir, Kleines‹, ritt ich weiter Richtung Sonnenuntergang.« Ein Verfahren von wunderbarer Albernheit. Das setzt die Aufsatzerziehung der Grundschule fort, ohne sie weiterzuentwickeln. *Variatio delectat* gilt nicht unbedingt. Ein paar »sagte er«, »sagte sie« sind unschädlich und dezent, »kreischte er« und »brüllte sie« können ein Anhaltspunkt sein. Noch schöner ist, wenn sich aus dem Inhalt erschließt, wie es vorgebracht wird. Und einen Rest an Regieanweisung kann man ja auch mal der Vorstellung des Lesers überlassen.

»Als Synonymwörterliste für Verben des Äußerns eignet sich der Text hervorragend«, sagte Dennis Scheck in der Jurydiskussion zu Philipp Tinglers »Umgang mit Konflikten«, 2001. Robert Schindel erklärte, warum auch ihn die zahlreichen Varianten nervten: »Man müsste den Autor ersuchen, ob er einmal probiert, dass er seine Figuren einfach mal etwas sagen lässt und nicht immer gleich etwas hinzukommentiert wie versetzen, erkundigen, raunen, schlussfolgern, schnaufen, monieren, es gibt ja keine einzige Bemerkung, die irgendwer sagt, ohne dass der Ich-Erzähler hinterherwirft, wie er das sagt, in welcher Form er das sagt und wie es gemeint ist. Der Leser hat keinen Raum für das, was hier passiert, weil ihm alles über- und überdeutlich schon gesagt wird.«

Bei Theaterstücken regelt das der Regisseur, der sagt den Schauspielern, wie sie dies und jenes zu sagen haben. Geschichten werden beim Leser fertig: Es entspricht den Regeln des Geschäfts, dass der Autor einen Teil der Gestaltung den Ausführenden überlässt. Es muss nicht alles festgelegt sein, und eine Drohung kommt dem einen Leser bedrohlicher vor, wenn sie geflüstert wird, dem anderen, wenn sie gebrüllt wird. Das Ziel des Autors kann der Leser auf unterschiedlichen Wegen erreichen. Wir erleben ja auch immer wieder Überraschungen, wenn Autoren uns Texte vorlesen, die wir zu kennen glaubten.

Formal unterliegen Dialoge großer Herkömmlichkeit. Gänsefüßchen oder Spiegelstriche, »sagte er« oder Doppelpunkt: mehr als vier, fünf Arten, Dialoge formal zu gestalten, scheint es nicht zu geben. Selten bricht ein Autor aus den hergebrachten Mustern aus, obwohl Arno Schmidt es den Kollegen doch schon in den Fünfzigerjahren vorgemacht hat. Schmidt nämlich nahm seinen Job ernst und nutzte alles vorhandene Bastelmaterial – Worte und Satzzeichen – höchst ökonomisch für den Ausdruck:

»Kää-te !« : – : Sie sah herüber : ?

Im »alten Stil« hätte dafür etwa stehen können :

Er rief laut ihren Namen: »Käthe !« Schon nach ein paar Augenblicken hatte sie ihn entdeckt, sah herüber und fragte zurück: »Was gie-hiebts ? !«

Für den ganzen letzten Teil dieses Gelalles schreibe man einfach »: ?«; es besagt genau dasselbe !

(Aus: *Der Platz, an dem ich schreibe.*)

Warnung vor Missbrauch

Leute in Texten reden nicht miteinander, um dem Leser etwas mitzuteilen. Sie reden, um einander etwas mitzuteilen. Das literarische Thema des Gesprächs ist meist nicht das Thema das Gesprächs, sondern die Art der Kommunikation: Wie sie miteinander sprechen ist die einfachste Art zu zeigen, wie sie zueinander stehen. Im folgenden Dialog erfahren wir etwas über die Beziehung von Stefan und Annika: »Was, fragte Annika, wer denn? – Na der blonde Skilehrer da hinten, sagte Stefan, oder ist das ein Frauenarzt? – Was? fragte Annika. – Na, der, mit dem du dich gerade so anregend unterhalten hast. – Ach der, sagte Annika, mein Gott, das war doch bloß der Cousin von Nadja, ich kenn nicht mal seinen Namen. – Was ist er denn von Beruf? fragte Stefan. – Galerist, sagte Annika. – Galerist, sagte Stefan. – Ja, Galerist, sagte Annika, und? – Und woher? fragte Stefan. – Aus Zürich. – Aus Zürich, sagte Stefan. – Ja, aus Zürich, sagte Annika« (Thomas Melle, »Gewissen«; aus: *Raumforderung*).

Wenn die Figuren einander Dinge erzählen, die der jeweils andere längst weiß, wird es lächerlich. Der Schriftsteller Helmut Krausser hat in *Substanz. Das Beste aus den Tagebüchern* dafür einen »neuen Term entworfen, sowohl im Deutschen wie im Englischen einsetzbar: UNID (= Unnatürlicher Informativdialog). Das ist, wenn … zwei Schauspieler zur Aufklärung des Zusehers ein Faktum erwähnen, welches sie in realiter nie erwähnen würden, weil es ihnen selbstverständlich ist.«

Warnzeichen für solchen Dialogmissbrauch sind »wie du weißt«, »du weißt doch«, »hast du vergessen, dass …«. Danach kann nichts Gutes kommen. So zum Beispiel in diesem Dialog von Christian Bernhardt aus »Was sie hier haben« (Bachmannpreis-Kandidat 2007): »Warum, frage ich sie, wechseln wir alle paar Jahre denjenigen, mit dem wir zusammen sind? Ich weiß es nicht, ich habe einfach noch nie lange durchgehalten. Und du, hast du es länger ausgehalten? Nein, du weißt ja, ich auch nicht. Dann gehe ich ihr nach, die zu dem Kiosk drei Häuser weiter gegangen ist. Lass uns zu dem Baumarkt gehen, schlage ich vor. Zum Baumarkt? Ja gut, warum nicht, was willst du da?« So haben früher unsere Kasperlepuppen miteinander geredet.

»Das ist wie auf der Bühne, wenn eine Figur zur anderen sagt: ›Dein Vater, der – wie du weißt – ein reicher Kommerzienrat ist‹«, sagte Heinrich Detering in der Diskussion zu dem Text, aus dem der folgende Dialog stammt: »Du hattest keine Zeit, um etwas anders zu machen. Es war immer so viel zu tun, die Schule – und der große Hof hat auch ohne Landwirtschaft viel Arbeit gemacht. Nebenbei warst du noch im Turnverein und im Angelverein, und im Verein für die Wiederbelebung der Kulturlandschaft unserer Region – (…)«, und weiter: »Ich bin nie von hier weggekommen. Hab von einem Leben in Italien geträumt. Ich war ein paar Mal mit dem Wohnwagen dort, mehr ist es nicht geworden. Du hast jahrelang in Kalifornien gelebt –« (»Am Seil« von Thomas Lang, Bachmannpreis 2005).

Sprachliche Besonderheiten: Dialekt, Sprachfehler, Marotten

Wie Leute miteinander reden, zeigt uns, wie sie miteinander umgehen. Wie jemand redet, zeigt aber auch, wo er herkommt und was er für einer ist. Redet er »wie gedruckt« oder Slang oder Dialekt? Ob jemand affig ist, simpel oder gelehrt – das erfährt man, wenn man ihn reden hört. Seine eigene Brillanz muss der Autor uns anders mitteilen als dadurch, dass er seinen Protagonisten die brillantesten Sätze in den Mund legt. Dialoge sind nicht dazu da, die Brillanz des Autors zu unterstreichen, sie sollen allenfalls – falls vorhanden – die Eigenart der Figur zeigen, ihre Ungeschicklichkeit, Geschwätzigkeit, Hilflosigkeit. Soll sie geschliffene Gelehrsamkeiten verbreiten, muss die Figur eben insgesamt eloquent und gebildet sein. Eine Panne ist es, wenn die Figuren reden wie der Erzähler.

In Norbert Scheuers *Überm Rauschen* werden dieselben Satzbau-Marotten nicht nur vom Ich-Erzähler in der Erzählung und seiner eigenen wörtlichen Rede benutzt, sondern auch von seinen Schwestern, seiner Exfreundin und den Leuten, die in der Wirtschaft an der Theke stehen. Die Erzählung ist aber nicht besonders dialoglastig, und weil ich sie sonst mag, versuche ich, die Dialoge nicht als Dialoge, sondern auch als Erzählung des Ich-Erzählers zu lesen. Als passte der Ich-Erzähler in der Erinnerung das Gesagte an seine eigene Sprache an – es ist ja immer auch eine Frage des guten Willens des Lesers. Der gute Wille endet aber bald, und das ist mal wieder ein Beispiel dafür, dass ein Buch beim Leser fertig wird: Beim einen Leser kann es gelingen, beim anderen misslingen. Und bei mir trifft Norbert Scheuer auf eine Leserin, die das Personal des Buches fast persönlich kennt. Die Wirtschaft in der Eifel, den Tanzsaal, die Saisongäste – mal Angler, mal Jäger –, die Leute an der Theke, die habe ich als Kind alle kennengelernt. Und die redeten ganz anders. Die Jäger und Angler anders als die Leute aus dem Dorf. Vor allem fehlt jede Spur von Dialekt. Da hat Scheuer vielleicht zu sehr auf Sicherheit geschrieben.

Wer den Figuren ihre sprachlichen Eigenarten in den Mund legt, betritt nämlich sehr dünnes Eis. Dialekt, Sprachfehler, ausländischer Akzent: Zwischen Authentizität und Lächerlichkeit liegen oft nur ein paar Worte. Wenn der

Autor sich über die Figur lustig machen will, ist der Fall sowieso klar: Wenn er dazu keine besseren Mittel findet als deren vermeintliche sprachliche Unzulänglichkeit, hat er es sich zu leicht gemacht. Aber deshalb kann man ja die Leute, die in der Wirtschaft an der Theke stehen, nicht wie einen Rhetorikprofessor sprechen lassen. Den Figuren ihre Eigenarten zu belassen kann also auch ein Ausdruck von Respekt sein, vor allem aber von Echtheit. Der »Hermann« aus Norbert Scheuers *Überm Rauschen* hat einen Sprachfehler, er lispelt. Das ist wichtig, weil die Hänseleien in der Schule auch eine Erklärung für seine Entwicklung bis zum Abdrehen sind. Hermann redet nicht, deshalb muss Scheuer das Problem im Dialog nicht lösen.

Der Autor Werner Fritsch, der sich selbst als Erfinder des Tonbandrealismus bezeichnet, hat mit einem Ausschnitt aus »Cherubim II« 1987 in Klagenfurt den Preis des Landes Kärnten gewonnen. Ein Beispiel für respektvolle Dialekterfindung: »Auf das Hechtunglück hinauf bin ich gekommen ins Spital. Da bin ich bis auf den heutigen Tag. Gut geht es mir schon … Als einen Spitalnachbarn hab ich gekriegt gehabt. Den Ding aus Schirnding. Oder ist noch weiter von drüben. Den Böhm Zrenner. Zwei Stecken braucht der zum Gehen, eiserne. Der raucht nicht einmal mehr. Der frisst Zigaretten bereits, wie es ausschaut.« Fritsch hat dem alten Wenzel Heindl seinen eigenen Dialekt erfunden, der durch den Satzbau und einzelne Begriffe für jeden als irgendwie südlich erkennbar ist, sich aber ohne Stocken lesen lässt.

Falsch: Eine Lautschrift für Bayrisch oder Sächsisch erfinden. Wenn der Leser sich die Dialoge laut vorlesen muss, um überhaupt etwas zu verstehen, hört er den Protagonisten nicht mehr richtig zu.

Richtig: Einen leicht lesbaren Kunstdialekt erfinden, der Besonderheiten im Satzbau berücksichtigt und einzelne verständliche Spezialbegriffe enthält.

»Niemand will Dialog um des Dialoges willen«

Gastbeitrag von Susann Rehlein

Susann Rehlein ist Lektorin beim Rowohlt Verlag. An einem Beispiel erklärt sie, was sie von Dialogen erwartet.

»Ich hätte gerne studiert, was mit Literatur«, sagt Lissi.

»Das bringt auch gar nichts«, sagt Bernd.

»Nein, natürlich nicht«, sagt Lissi. Sie möchte Bernd in dieser Phase ihres Gesprächs nicht verärgern. Ihre Hand liegt immer noch auf seiner Hand. »Aber es hätte mir Spaß gemacht.«

»Wegen der Bücher«, sagt Bernd. Anscheinend will auch er nicht so sein.

»Das ist nun mal mein Hobby.«

»Ich studiere mehr die Zeitung. Das ist das echte Leben.«

»Das ist mir zu brutal, was da drin steht. Wie der eine den einen aufgegessen hat.«

»Das ist doch nicht immer.«

»Nein, ich sag ja nur.«

Das ist aus Katrin Seddigs *Runterkommen*. Ganz klar, keiner will Dialog um des Dialoges willen. Hier haben wir im wahrsten Sinne des Wortes Gequatsche, aber es ist bewusst gesetzt, es dient dazu, die Figuren zu charakterisieren. Hier gibt es jede

Menge Subtext: Die beiden wollen etwas voneinander, Bernd hat Minderwertigkeitskomplexe, weil er nicht studiert hat. Lissi glaubt, sie bekommt Bernd nur, wenn sie sich verstellt. Lissi interessiert sich nicht für Politik und so weiter. Und außerdem ist das Ganze, finde ich zumindest, ungeheuer jämmerlich: Die beiden quatschen sich um Kopf und Kragen, sind nicht sprachmächtig, nicht lebenstauglich, wie Kasimir und Karoline bei Horváth.

Das ist meiner Ansicht nach ein wirklich großer Dialog. Der Dialog ist mehrschichtig, sogar vielschichtig. Und damit sind wir bei etwas, was so grundlegend ist, dass es einem fast peinlich ist, das noch einmal zu benennen: Im besten Fall ist jedes Wort, jedes Bild, jede Szene bewusst gesetzt und von Bedeutung für die Struktur und schließlich die Aussage des Textes. Das Tschechow'sche Diktum, ein Gewehr, das an der Wand hängt, müsse im Lauf der Geschichte losgehen, ist unabdingbar für gute Literatur. Das heißt unter anderem, die Deko einer Geschichte sollte nicht einfach die Deko der Wohnung des Autors sein. Niemals sollte er einen Dialog, den er gehört hat, einfach abschreiben, weil er ihn witzig fand.

Menschliche Zwischenfälle II

Sex

Et kütt, et kütt, lass uns schnell Du sagen!

Rheinische Redewendung, überliefert

Jetzt Petting.

Wolf Haas, *Silentium*

Aus der Lokalzeitungspraxis: Dass im Kopf des Lesers kein Bild entstehen dürfe, sagte der Chefredakteur, als ich ihn nach meinem ersten Vergewaltigungsprozess fragte, was ich schreiben darf. Als Schreiber hat man nämlich einerseits leicht mal einen Drang, sich bei den Lesern für die Sauereien zu rächen, von denen man hören musste, andererseits will man aber das Opfer unbedingt vor weiteren Verletzungen durch die Berichterstattung schützen. Drittens heißt aber Berichterstattung, dass der Leser genug Informationen braucht, um sich selber eine Meinung zu bilden über das Verhältnis von Tat und Strafe. Und viertens soll niemand die Lokalzeitung als Wichsvorlage benutzen können, wenn es sich irgendwie vermeiden lässt. Wollte man sichergehen, nichts falsch zu machen, würde man die Berichterstattung gleich bleiben lassen, und oft genug war genau das die Lösung. Aber so zu tun, als gäbe es auf der Welt keine Sauereien, ist ja auch nicht Aufgabe der Presse.

»Bleiben lassen« ist auch eine beliebte Taktik bei Autoren literarischer Texte. Damit gehen sie einigen Vorurteilen aus dem Weg, zum Beispiel dem, es stehe »keine milieufreie Sprache« für die Beschreibung geschlechtlicher Dinge zur Verfügung. Ich komme später darauf zurück. Die meisten Autoren lassen Sexszenen einfach weg. Manchmal kann man rekonstruieren, dass irgendwann etwas stattgefunden haben muss, weil entweder Kinder geboren werden oder eine Abtreibung stattfindet (zum Beispiel in: *Alberta empfängt einen Liebhaber* von Birgit Vanderbeke). Dass Sex in Büchern einen verhältnismäßig geringen Raum einnimmt, ist zunächst auch gar nicht zu beanstanden, die meisten von uns verbringen wirklich viel mehr Zeit damit, die Voraussetzungen für Sex zu schaffen (Körperpflege, Internet, Studium) und daran zu denken, als ihn tatsächlich zu betreiben. Warum sollte das in der Literatur anders sein? Ursula März, Bachmann-Jurorin von 2003 bis 2008, wittert Absicht (in *Die Zeit*, 08/2007): Die Literatur sei eben »ein hochintelligentes Unternehmen. Seit ihrem Beginn befasst sie sich lieber mit der unglücklichen als mit der geglückten Liebe, weil sich bei der unglücklichen die Beschreibung von Sex plausibler vermeiden lässt.«

Nun gehört aber Sex doch irgendwie zu den Dingen des Lebens, also sollten Autoren ihn nicht umständlich umschiffen, wenn er der Geschichte guttäte. Irgendwie müssen die jungen Leute ja auch lernen, wie man es anfängt (oder wie besser nicht). Früher taten sie das angeblich, indem sie

im elterlichen Bücherregal nach Büchern mit »Stellen« such-
ten. Aber »sie erkannten einander« hilft draußen im Zelt-
lager auch nicht weiter.

Wenn das Thema nicht umschifft wird, ist tatsächlich
oft Scheitern festzustellen. Um die missglückten Sauereien
in englischsprachigen Büchern kümmert sich die britische
Zeitschrift *Literary Review*: Sie vergibt seit 1994 den »Bad
Sex in Fiction Award«. Ziel des Preises ist es, »in ansonsten
achtbaren zeitgenössischen Romanen ... die Aufmerksamkeit auf die kruden, geschmacklosen, oft nachlässig geschrie-
benen und redundanten sexuellen Passagen in modernen
Romanen zu lenken, um solche künftig zu verhindern«
(ehemaliger Chefredakteur Auberon Waugh, † 2001, zitiert
nach der Übersetzung in Wikipedia). Zu den Preisträgern
gehören Jonathan Littell, Tom Wolfe, Norman Mailer und –
für das Lebenswerk – John Updike.

Ist das Weglassen von Sex also eher Feigheit oder Vernunft? Jo Lendle findet es »ein interessantes Projekt, Sex
wieder in die Literatur zu integrieren, in dem Wissen, dass
man das Ergebnis immer zweimal prüfen muss«. Mit Sexszenen gehe es ihm ähnlich wie mit Traumszenen: »Beide
misslingen in aller Regel. Das sind die Momente, in denen
sich sprachliche Unzulänglichkeiten in ihrer vollen Erbar-
mungslosigkeit zeigen. Der Traumszene wird zu viel Bedeutung aufgehalst, der Sexszene womöglich zu wenig.
Man bekommt ja schon einen Schreck, wenn es im Bett zur
Sache geht, egal zu welcher der beiden. Dabei bleibt aber
immer ein Rest Hoffnung, dass die Darstellung endlich einmal glückt.« Ein gelungenes Beispiel ist für ihn eine »ganz
schlimme Sexszene« in: *Die Liebe der Matrosen* von Annette

Mingels: »Es ist keine Vergewaltigung, aber ein bisschen an der Kante, und das ist ziemlich explizit dargestellt. Da funktioniert es, weil es etwas sagt über die Beziehung dieser Leute zueinander.«

Es ist also ähnlich wie mit den Dialogen: Durch die Art, wie Personen miteinander verkehren, erfährt man im besten Fall etwas über sie selbst und ihre Beziehung.

Sauereiempfindlichkeit

Als Autor hat Jo Lendle in *Mein letzter Versuch, die Welt zu retten* eine eher keusche jugendliche Sexerfahrung beschrieben, bei der die Protagonisten in ihren jeweiligen Schlafsäcken liegen bleiben. »Ich habe beim Schreiben gehofft, dass man durch die Szene etwas erfährt über Florian Beutler in seiner Begrenztheit. Meine Mutter hat mich beschworen, das rauszunehmen.«

In meiner Generation ist ja nicht mehr automatisch die Mutter die Keuschere von uns beiden, aber es führt uns zu einem der Probleme bei Sexszenen: Das sind die Leser, unterschiedlich erfahren, unterschiedlich schamhaft. Die Kenntnis des technischen Prinzips beim Sex darf vorausgesetzt werden, und wer als Erwachsener noch keine Vorstellung von bestimmten Techniken hat, der will sie sich vielleicht auch nicht mehr machen. Mancher will sich nicht mal einen Penis vorstellen, andere ekeln sich vor allen Haaren, die nicht auf einem Kopf wachsen. Ein Bild von der unterschiedlichen Sauereiempfindlichkeit kann man sich zum Beispiel anhand von Amazon-Leserrezensionen machen.

Leser »Mainzer111« zum Beispiel hat *Das Delta der Venus* von Anaïs Nin gelesen und sich sehr geekelt: »Man sieht die Frauen vor lauter Haaren nicht. Alle sind in dem Buch super behaart ... Da wird mir schlecht, wenn ich das lese!« Er finde das Buch »kein bisschen erotisch«. Andere Leser sind erschrocken über die direkte Darstellung, wieder andere haben sich bloß gelangweilt oder amüsiert. Am Haarthema zeigt sich ebenfalls, dass die Ekelschwelle auch heute noch mit der Mode geht. Da genügen ein, zwei Generationen zwischen denen, die Haare nur noch auf dem Kopf kennen, und den anderen. In Amerika war man schon Jahrzehnte früher so weit. In John Irvings *Witwe für ein Jahr* ist die europäische Frau eines Lehrers Ziel der feuchten Träume 15-jähriger Schüler: »Für Eddy jedoch waren Mrs Haveslocks behaarte Achselhöhlen ein weiteres Indiz für die unbegrenzte Fähigkeit dieser Frau, Lust zu spenden.«

Licht aus oder Licht an?

Für Sexszenen gilt das Gleiche wie für Dialoge: Die Beschreibung eins zu eins bremst den Text aus und ist eine ästhetische Zumutung. So, wie man nicht seitenlang lesen möchte, wie Leute stammeln und ihre Sätze nicht zu Ende bringen, so will man auch nicht in Echtzeit lesen, wie andere Leute ganz normalen Sex haben. Nicht einmal, wenn man sich aufgeilen will, denn dazu sucht man seine Anregungen nicht gerade in literarischen Texten. Zitat aus einem Internetforum: »Porno mit Handlung? Wozu das denn?

Das wäre ja wie zu fragen, ob es Schokolade mit extra viel Verpackung gibt!« Dafür sehen die meisten lieber geschulten Sexdarstellern beim geschönten Pornofilmverkehr zu als bei den Nachbarn durchs Schlüsselloch. Beim Selbermachen von Sex ist doch das Schöne, dass man seine Eitelkeit fahren lässt, und Geräusche und Gerüche. Das ist prima, solange man es tut, heißt aber nicht, dass man darüber Berichte lesen möchte.

Es ist ziemlich wahrscheinlich, dass was den einen anregt, den nächsten abtörnt oder befremdet. Der Autor hat verschiedene Möglichkeiten, mit diesen unterschiedlichen Empfindlichkeiten umzugehen. Er kann den Vorgang glätten, das Ganze etwas hübscher gestalten, die Körper schöner, den Vorgang sauberer. Wir werden es merken und entweder zufrieden oder enttäuscht sein, weil die Wirklichkeit des eigenen Sexes der Literatur mal wieder nicht standhält. Eher sind wir enttäuscht, weil die Literatur der Wirklichkeit nicht standhält.

Oder der Autor gibt gerade so viel an Information, dass der Leser sich den Rest so ausmalen kann, wie er es ertragen kann oder wie es ihm gefällt. Auch brutaler oder danebengegangener Sex lässt sich so andeuten, dass der Leser die Sache in seiner Vorstellung zu Ende bringt.

Ein Beispiel für die dezente Mitteilung einer Vergewaltigung findet sich in Karen Duves *Keine Ahnung*: »Und dann? Was geschah dann? Weiß ich nicht. Ich habe es vergessen … Ich meine, es ist mir schon klar, was passierte. Es gehört auch nicht besonders viel Fantasie dazu, es sich vorzustellen. Ich weiß bloß die Einzelheiten nicht mehr, nicht, was ich sah, roch, hörte oder fühlte. Mir ist nicht ganz klar, was es für einen Sinn machen soll, etwas zu vergessen, das man sich sowieso an fünf Finger abzählen kann.«

Auch dem österreichischen Autor Wolf Haas genügt in: *Der Brenner und der liebe Gott*, dem Leser mitzuteilen, dass Sex stattfindet: »Ob du es glaubst oder nicht, wie die Südtirolerin zu ihm gekommen ist, hat er immer noch nicht Hilfe geschrien, sondern im Gegenteil, er hat sich gesagt, wieso nicht, so jung kommen wir nicht mehr zusammen.«

Die dritte Möglichkeit für den Autor ist, auf der ausführlichen Beschreibung zu bestehen. Schließlich ist es seine Geschichte, in der er bestimmt, welche Bilder sich der Leser macht. Die Wirkung wird möglicherweise sein, dass viele Leser das mit gewisser Pein lesen. Das sollte dann vom Autor erwünscht und für die Geschichte erforderlich sein.

In: *Die Frequenzen* hat Clemens J. Setz zahlreiche Akte bis zur (beabsichtigten) Lächerlichkeit ausführlich beschrieben. Ein Beispiel:

»– Oh, jetzt gleich – oh! – Achtung –
– Warte!
Wieder diese helle Begeisterung, die mir Angst einjagte. Sie ging vor mir auf die Knie, die Schale blieb, wo sie war. Ich verlangsamte meine Bewegung, aber die Zündschnur war bereits ganz abgebrannt. Da kam es schon, ein erster glücklicher Tropfen quoll hervor, fiel in den Pokal. Aber es war nur das Warnsignal, denn die nächsten Tropfen verfehlten die Schale und verfehlten auch Lydias Kopf nur knapp, ein Spritzer streifte ihre Stirnfransen.«

Fehlen die Worte?

Angesichts der angeblich »auffälligen Häufung« von Texten mit Sex beim Bachmannpreis 1998 behauptete Andreas Bernard in der *Süddeutschen Zeitung* (29. 6. 1998), die Darstellung der Sexualität gehöre »noch immer zu den schwierigsten Unterfangen der Literatur (…), weil keine milieufreie Sprache zur Verfügung steht. Unweigerlich landet man im Jargon der Medizin, der Umgangssprache (›Blöde Votze ficken‹, Ralf Bönt) oder der Beschaulichkeit (›Zum Beispiel hätte Josepha gern einen lieblichen Beischlaf zu Mittag‹, Kathrin Schmidt).«

Marcel Reich-Ranicki sieht in der Wortwahl nicht die größte Schwierigkeit: Bei der Darstellung des Koitus komme es nicht auf die Beschreibung physiologischer Prozesse an, »das kann jeder, es ist nicht schwerer zu beschreiben, ob ein Penis in eine Vagina eindringt oder ein Bleistift in eine Tasche gesteckt wird«. Dagegen sei es »ungeheuer schwierig zu zeigen, was die Frau oder der Mann oder beide während dieser Sache empfinden« (In: »Das literarische Quartett«, ZDF, Sendung vom 10. 3. 1989).

Worte zu finden ist Aufgabe von Autoren, also wo liegt das Problem? Irgendetwas zwischen Schulhof und Gynäkologie wird es da schon geben. Zum Beispiel eine Poetisierung, die in ihrer Bildhaftigkeit dann oft (unfreiwillig?) putzig wird. Helen Memel in Charlotte Roches *Feuchtgebiete* benutzt freundliche Begriffe für ihre Teile: »Vanillekipferl«, »Hahnenkämme« und »Perlenrüssel« – diese Bilder passen optisch einigermaßen und sind ganz und gar unzotig. Kann man machen.

Die Menschen neigen ja bisweilen dazu, gewisse Utensilien völlig mit ihrer Person zu identifizieren, das fängt beim Auto an (»Ich steh in der Tiefgarage«), geht beim klingelnden Handy weiter (»Bin ich das?«) und ist beim Penis wahrscheinlich noch nicht zu Ende (»Ich drang in sie ein«). Vielleicht weil viel seltener sichtbar, werden die weiblichen Geschlechtsteile häufiger poetisiert als der Penis. »Sprachloser Mund« ist eine Variante. Gängige Begriffe sind Vagina, Möse, Muschi, Schoß, Scham. Auch wenn man sich fragt, wie man einem Körperteil so einen moralischen Namen wie »Scham« geben kann. »Schwanz« funktioniert als Bild schlecht, ein Schwanz hängt ja normalerweise hinten, aber immerhin versteht das jeder, »Penis« ist vielleicht zu sehr Anatomie, »Kolben« und »Schwengel« machen den Mann zur Sexmaschine, mit »Glied« oder »Geschlecht« kann man sich dezent aus der Affäre ziehen.

Der Erzähler sollte sich mit albernen Synonymen etwas zurückhalten, wenn er nicht auch sonst so einer ist, der zur Schule »Penne« sagt, zum Fahrrad »Stahlross« und zum Pferd »Klepper«. Zwei Beispiele aus Klagenfurt-Texten von 1999: »Die Selbstschussanlage in meiner Hose« nannte Thor Kunkel den Penis in »Das Doppelleben der Amöbe« (Ernst-Willner-Preis). »Zwanzig bis zweiundzwanzig blutgefüllte Zentimeter« ließ Thomas Jonigk in: »Jupiter« von hinten in seinen Protagonisten eindringen.

Fazit: Es fehlen nicht die Worte, es gibt zu viele davon. Die Beschreibung des Untenherum bleibt eine intime Geschmacksfrage, die erst beim jeweiligen Leser beantwortet wird. Zur Prüfung des eigenen Geschmacks noch ein paar Beispiele aus der Literatur:

Anita Albus, *Liebesbande*

»Fleisch«, murmelte er, »von deinem Fleisch, von meinem Fleisch«, und fuhr mit seiner schlängelnden Zunge meinen nackten Bauch hinab, bis sich sein Bart mit meiner Scham deckte und sein Mund mit meinem sprachlosen Mund, eine so unbeschreiblich köstliche Empfindung, dass sich mir ein lautes Stöhnen entrang … Da robbte er zu mir hoch, schloss meine Lippen mit einem Kuss, in dem sich ein krauses Haar verloren hatte, und in einem Nu war sein blinder glühender Vogel untergetaucht. Sein Rüttelflug löste ein grässliches Federkernkonzert aus, und so gingen wir in den Gleitflug über.

Elfriede Jelinek, *Die Klavierspielerin*

Klemmer, der Schlimme, bohrt in der Frau herum. Er wartet auf das Stöhnen der Lust bei ihr. Erika verspürt nichts … Klemmer erhöht sein Tempo, seine Geschwindigkeit ist mittlerweile recht hoch. Er schießt nicht über das Ziel hinaus, sondern genau ins Ziel hinein. Der sportliche Meister hat es vollbracht.

Wolfgang Hilbig, *Das Provisorium*

Und mit diesem Gefühl der Verzweiflung presste er sein Gesicht in den Schoß der Frau und versuchte, ihre Essenz zu schmecken … die Essenz des Weiblichen, die Essenz der Natur, den Geschmack des Lebens, den Geruch der Erde. Er versuchte das Wesen der weiblichen Lust zu entdecken, zu ergründen, das Strömen ihrer Lust zu trinken und zu verschlingen, den wirklichen Geschmack einer Frau, der ihm so fremd war wie die Atmosphäre einer entfernten Milchstraße.

Thor Kunkel, *Endstufe*
»Liebes bisschen, du kaust mir ja den Kitzler ab.«
    Sie war bereits in Seenot und Fußmann schlürfte sie aus wie eine frische, zuckende Auster.

Leander Scholz, *Windbraut*
Ohne seinen Blick aus den Pupillen zu verlieren, schob Hilal ihren Mund, so weit es ging, übers Luckys Geschlecht und verkrallte sich in seine angespannten Hinterbacken. Wie ein Parasit, der den Körper auf eine sehr fiese Weise zerstört. Erst saugt er sich fest, und dann muss man auch noch mit ihm verhandeln … Hilal legte ihre Hände um Luckys Kinn und Kopf, zog seine Lippen an die ihren heran, und er schmeckte zum ersten Mal, wie salzig sein Sperma war.

Kathrin Schmidt, *Die Gunnar-Lennefsen-Expedition*
Josepha schließt ihm den Mund mit den Lippen, das Gerede des Kerls ist ihr unerträglich angesichts des harten Gegenstandes, den sie in seiner knappen Badehose unter ihrem Hintern fühlt, und sie bittet ihn höflich, ihr Spaß zu machen, statt sie mit Vorreden anzuöden. Und ehe er ganz verstanden hat, gleiten ihre Beine ins Wasser, schiebt sie sich auf seine versteifte Vorrichtung und verharrt in gespannter Erwartung. (…) Auf dem Weg nach Hause meint Josepha das Treffen im Meer noch riechen zu können aus dem Brustausschnitt ihres Kleides, und als Therese zum Abendessen eine Büchse Fisch öffnet, glaubt sie sich beinahe ertappt.

Heiner Link, *Frl. Ursula*

Ich hatte blitzschnell an zwei Fronten zu tun. Im Norden hieß es Luft zu schnappen, im Süden den Säften Einhalt zu gebieten. Um es kurz zu machen: An der Südfront wurden schon bald alle meine Befehle verweigert.

Pourquoi MOI?

aus: Lesemaschine.de

1996 las Heiko Michael Hartmann in Klagenfurt aus dem Text »MOI«.

>»Montag, den 2. Januar.

Warum ich? Warum ausgerechnet ich?«,

liest der Ich-Erzähler in seinem Tagebuch. Moi? Wie »Pourquoi moi«? Mais non, M O I ist der Name der Infektionskrankheit, an der der Ich-Erzähler leidet. Am 2. Januar 2000 hat er die Diagnose erhalten. Diese Krankheit wird ihn, so der Arzt, »erst Ihre Glieder und dann Ihr Leben kosten«. Tagebuchschreiben wird er nur bis zur Amputation des letzten Armes können. Ab da hört der Leser der Figur beim Denken zu.

Thema Krankheit also, das lässt Defekthascherei vermuten, dafür gäbe es Abzüge, aber die neue Seuche MOI ist Siechtum vom Feinsten. Als Kenner amerikanischer Krankenhausserien weiß ich, dass man Kindern das halbe Gehirn entfernen kann und sie nach dem Erwachen aus der Narkose völlig zurechnungs- und handlungsfähig sind. Keine Skurrilität ist undenkbar, also frage ich mich: MOI, wie gut ist das erfunden? Ist so etwas möglich? »Möglich« ist nicht entscheidend für die Wertung, aber plausibel sollte die Krankheit schon sein. Ich pschyrembel das mal eben durch. Meningokokken, Staphylokokken,

Streptokokken, die können dazu führen, dass alle Arme und Beine amputiert werden müssen. Gruselig genug. MOI ist keine Kokke, aber mit einem Virus geht es bestimmt auch. Medizinisch ist das nicht zu weit hergeholt. Zumindest, was die Arme und Beine angeht. Penis, Zähne und Kehlkopf müssen halt aus dramaturgischen Gründen mit ab.

Die Krankheit ist schön ausgedacht, der Erreger kommt aus einer tadschikischen Baumwollplantage und wird über 50-Euro-Scheine übertragen. Deshalb sind vor allem Kassierer und Bankangestellte betroffen. Geschrieben 1996, handelt es sich um einen Zukunftsroman. Euro-Bargeld gibt es seit 1. Januar 2002, im Buch seit 1. 1. 2000.

In dem Film »Million-Dollar-Baby«, entstanden acht Jahre nach dem Text, versucht die völlig gelähmte Boxerin sich umzubringen, indem sie sich selber die Zunge abbeißt. Nicht mal das können die MOI-Kranken, die Zähne sind ja auch weg.

Der Ich-Erzähler nimmt sein langsames Sterben interessiert hin, ärgert sich über die Zimmernachbarn (»Dupek, der Fernsehterrorist, was hatte ich mir nicht alles von der Amputation seiner letzten Hand versprochen!«) und fantasiert Rumpfkämpfe mit dem Bettnachbarn.

Im Fernsehen läuft nun Bonanza. »Cartright«, lese ich, denkt er, aber Hoss und Little Joe heißen doch Cartwright mit w! Nur: Der Mann kann das nicht mehr nachsehen, deshalb sehe ich ihm das falsche Buchstabieren nach. Denn inzwischen (Zeitsprung im Ausschnitt für Klagenfurt, im Buch ist jede Amputation beschrieben) liegt er ohne Arme, Beine, Zähne, Haare, Penis und Kehlkopf im Krankenzimmer und fantasiert, dass die Medizinstudentin sich ohne Hose auf seine Nase setzt, »die höchste Erhebung meines eigentlichen Zeugungsgliedes, des

Kopfes!«. Hatte er am 2. Januar zunächst alles sehr akkurat in sein Tagebuch geschrieben, denkt er nun – schreib- und sprechunfähig geworden – ohne Satzbausorgen herum:

»Drehma? Welchen Schalter hatten diese Studentenlümmel waren im Begriff ›Drehma‹ steckt ja schon kreisen mir wurde längst sah ich vorher abgerissene Bilder – danach, wie woanders, glaubte ich auf einmal tauchte der zunächst unwahrscheinliche Gedanke, dass sie, die Studentin, mir über die Nase tastet, wurde mir, je mehr ich überlegte, zur Gewissheit: Ja, wünschte ich mir sogar, als ob sie gefühlvoll daran riebe!«

Es folgt eine der schönsten und tragischsten Sexszenen der neueren Literatur. Sexszenen sind sowieso schon der Dreifachaxel unter den Elementen, Nasensex der Vierfachaxel.

Wertung: Sehr schwierige Elemente sauber gelöst. Nasensex, komische Dialoge, Krankheit, Träume, Dialekt, Sterben von innen. Sonderpunkt »tiefe Tragik« für die Szene, in der der Held ohne Arme, Beine und Stimme im Bett liegt und ein halb gelutschtes Bonbon an der Backe kleben hat. Einen kleinen Kalauerabzug gibt es für den Kaufhauskassierer »Benno Karstadt«.

Nur weil ich das reflexhaft überprüfe, hätte es mir gefallen, wenn der Autor den richtigen Wochentag genommen hätte: 2000 gab es noch keinen Euro, und das erste Jahr seit Euro-Einführung, an dem der 2. Januar auf einen Montag fallen wird, ist das Jahr 2011. Die Klagenfurter Jury gab Hartmann das 3sat-Stipendium (6000 DM).

Der innere Erbsenzähler

Sorgfaltspflichten des Autors

> Leichtfertig ist die Jugend mit dem Wort.
>
> Dagobert Duck/Dr. Erika Fuchs

Sprache ist doch Bastelmaterial, könnte man sagen, über das der Autor verfügt, wie er halt will und kann: Das ist dann sein Stil. Und Wirklichkeit ist auch nur Bastelmaterial, das der Autor sich – dichterische Freiheit – so zurechtlegen darf, wie es ihm gerade passt. Wozu also sprachliche Genauigkeit einfordern und wozu Recherche verlangen? Müssen wir die Welt und die Sprache des Buches nicht so nehmen, wie der Autor sie uns vorsetzt? Ja. Der Autor darf alles. Und wir Leser dürfen auch alles, vor allem dies: weglegen, was uns nicht gefällt. Manchmal würde es schon genügen, ein paar Fehler nicht zu machen, um aus einem unzumutbaren ein lesbares Buch zu machen. In diesem Kapitel geht es um Sorgfaltspflichten und kleine Aufmerksamkeiten.

Der Umgang mit der Wirklichkeit –
Recherchefehler

»Aber Sie dürfen nicht die Maßstäbe eines realistischen Textes anlegen«, so verteidigen Juroren in Klagenfurt immer wieder ihre Schäfchen gegen die »Aber der 24. November 2002 war doch gar kein Montag«-Einwände. Da haben mal wieder beide recht. Natürlich ist es normalerweise für eine Geschichte völlig unwichtig, ob der 24. November 2002 ein Montag war. Aber es wäre für den Autor so extrem einfach zu überprüfen. Dann würden auch die Leser nicht zusammenzucken, die zum Beispiel zufällig an jenem Sonntag ein Kind bekommen haben.

Es geht nicht darum, ob es stimmt oder nicht, das Problem ist, dass wir Leser dem Autor unbedingt und unbesehen vertrauen wollen. Wir wünschen uns, dass er seine Geschichte entweder sorgfältig erfunden oder sauber recherchiert hat. Der britische Autor Nick Hornby ist Fußballfan und hat Zoë Hellers *Tagebuch eines Skandals* gelesen: »… liest sich ganz gut, bis eine Figur anfängt, über Fußball zu reden … Ich glaube, dass mich Unwille und Unglaube dazu verführt haben, auch andere Dinge zu hinterfragen, und da begann das Gebäude des Romans ein wenig zu bröckeln. Gibt es in modernen staatlichen Schulen in England tatsächlich Lehrerinnen, die ausschließlich Töpfern unterrichten? Arsenal hat Liverpool seit 1991 in Highbury nicht mehr 3 : 0 geschlagen. Da beißt die arme Frau bei mir auf Granit« (Aus: Nick Hornby, *Mein Leben als Leser*).

Ein Freund machte eine ähnliche Erfahrung von Vertrauensverlust: »Ich hab mal irgendein Buch von Cees

Nooteboom in die Hand bekommen, da stand auf Seite 10 oder so, dass in Berlin ja alle an den roten Ampeln stehen bleiben. Mein erster Gedanke war: Dummer Holländer, breitest hier das Klischee vom stets obrigkeitshörigen Deutschen aus, aber *warst* du in den letzten 20 Jahren mal in Berlin? Ich hab dann noch zwei Seiten oder so geschafft. Der Buchempfehler war empört über meine Ignoranz, er hatte das Buch wirklich geliebt, glaube ich.«

Ich selber kenne mich mit Rudern aus. Es gibt eine wunderbare Geschichte von Julia Schoch, *Der Körper des Salamanders*. Sie ist aus der Sicht eines Mädchens erzählt, das in einem DDR-Sportinternat einen Mädchenvierer steuert. Toller Schauplatz, überzeugende Heldin und viele schöne Details aus der Bootswerkstatt. Am Ende aber kippt das Boot um, und die Mädchen hängen mit den Köpfen nach unten im Wasser, weil sie mit den Füßen in den Schuhen feststecken, die auf die Stemmbretter montiert sind. Das ist ein schönes, grausames Bild und funktioniert bestimmt gut für Leute, die nicht wissen, dass das so nicht geht. Ruderboote kippen nicht so leicht um, das hat was mit Physik zu tun, und dann bleibt man nicht mit dem Kopf nach unten da hängen.

Grandiosen Schiffbruch erlitt Helmut Kuhn 2005 in Klagenfurt mit einem Text, den Iris Radisch als »Schmarrn aus gynäkologischen Gründen« bezeichnete. Der Autor beschrieb zu Beginn seines Romanausschnitts »Der Savant« eine Geburt. Dabei wurde ein Kind, das mit dem Hintern zuerst rauskommen wollte (Steiß- oder Beckenendlage), vom Arzt im Mutterleib mit der Geburtszange gedreht. Für die Nichteingeweihten darf ich verraten, dass das rein anatomisch unmöglich ist. Die Eingeweihten, die sich das bildlich vorstellen wollen, finden sich in einem Splatterfilm wieder. Da kann man dem Leser auch nicht vorhalten, er übertreibe es mit dem Realismus, er macht sich die Splatterbilder ja nicht absichtlich. Und wenn der Autor nach diesem Blutbad die Mutter ohne Dammriss vom After bis zum Nabel nach Hause gehen lässt, dann darf man das schon als einen »Schmarrn« bezeichnen.

Der Schweizer Autor Hermann Burger ging besonders akribisch vor und prüfte jedes Ausstattungsdetail: »Ich habe wie immer genau recherchiert und einen Turmuhrenfabrikanten aufgesucht, die Firma Baer in Sumiswald. Als das Kapitel fertig war, durfte ich es dem Meister zur Überprüfung zuschicken. Die Antwort war lobend, doch ein Passus störte den Mann.« Dieser Passus wurde selbstverständlich geändert. Das bedeutete aber nicht, dass Hermann Burger nur die Realität abschrieb: »Nie bin ich glücklicher, als wenn es mir gelingt, das Verrückte dank vorgetäuschter Recherche als wirklich und die bare, aus irgendeinem Jahrbuch herauskopierte Realität als verrückt erscheinen zu lassen« (Aus: *Die allmähliche Verfertigung der Idee beim Schreiben*).

Auch der österreichische Autor Clemens J. Setz legt Wert auf gewissenhafte Vorarbeiten: »Mit der Recherche ist es ein bisschen so wie mit Jazz. Ich spiele selbst Jazzklavier und weiß, dass man, wenn man sich nicht Skalen und Akkordstrukturen genau ansieht, so lange, bis man sie irgendwann ohne nachzudenken aus den Fingerspitzen schütteln kann, auch nicht drauflos komponieren kann. Mit anderen Worten: Die Recherche darf erst dann enden, wenn man das Gefühl hat, eine Alternativ-Geschichte des recherchierten Themengebiets schreiben zu können.«

Gerhard Henschel, dessen Vorbild in Sachen Akribie Walter Kempowski sein dürfte, erklärte in einem Interview in: *Die Zeit* (11/2009): »Arno Schmidt hat ermittelt, dass Goethe in seinem Briefroman über die Leiden des jungen Werthers einen Spaziergang im Vollmond auf eine Nacht ohne Mondlicht datiert hat. Man kann es auch übertreiben mit der Pingeligkeit, aber so schlampig wie Goethe wollte ich dann doch nicht vorgehen. Wenn Martin Schlosser von Länderspielen oder Fernsehfilmen oder regionalen Feuersbrünsten erzählt oder auch nur vom Hochwasser an der Meppener Hase, dann sollten sich die Leser schon darauf verlassen können, dass er bei der Wahrheit bleibt und nicht träumt. Und wenn die Familie Schlosser eine Lottoziehung verfolgt und vier Richtige hat, dann nenne ich natürlich die damals gezogenen Zahlen, statt mir irgendwelche anderen aus den Fingern zu saugen.«

Natürlich dürfen und sollen Autoren Dinge erfinden. Sie können sich Markennamen und Restaurants und Urlaubsorte ausdenken, fremde Länder, Fußballspiele, Lottozahlen und Wochentage. Wo sie sich aber den Pool von Vorstellungen zunutze machen, den der Leser bereithält, da sollen sie bitte auch sorgfältig mit diesen Bildern umgehen. Wenn es für die Geschichte keinen zwingenden Grund gibt, es anders zu machen, dann ist der 24. November 2002 eben ein Sonntag, und man kann für Fußballauskenner wie Nick Hornby auch mal nachschauen, ob Arsenal wirklich schon einmal Liverpool in Highbury besiegt hat.

Wer keine Lust auf solche Umstände hat, kann ja ein Schlafkammerspiel schreiben, er, sie, Bett, fertig. Dafür braucht man nicht mal einen IKEA-Katalog.

Wirtschaftliche Erwägungen

»Sicher gibt das böses Blut, doch Sprache ist, das wissen wir, das allerhöchste Gut, und ohne Klarheit in der Sprache ist der Mensch nur ein Gartenzwerg« (Element of Crime, »Alle vier Minuten«).

Als guter Stil gilt seit einiger Zeit der karge, ökonomische, bei dem kein Wort zu viel verwendet wird. Für »Das zitternde Glänzen der spielenden Wellen« aus dem Barock wird man heute vielleicht noch »Die Dünung ...« gelten lassen. Dabei müssen als Erstes die Adjektive dran glauben. Schon der Journalist Georges Clemenceau (1841–1929) sagte: »Bevor Sie ein Adjektiv hinschreiben, kommen Sie zu mir in den dritten Stock und fragen, ob es nötig ist.« Adjektive gelten unter den puristischen Stilexperten als meist unnötiger Tand.

Der Autor Philipp Tingler las 2001 in Klagenfurt den adjektivstrunzenden Text »Umgang mit Konflikten« vor. »Toll, den Quelle-Katalog gibt es jetzt auch kommentiert«, sagte Dennis Scheck über seinen ersten Eindruck, und Robert Schindel empfahl, »zwei bis drei Kilo Eigenschaftswörter rauszuwerfen«. Zitat aus diesem Text: »Eine vernünftige Frau! Sie steht fest auf ihren etwas säulenhaften, resoluten Beinen in der Wirklichkeit, blockartig und beinahe starr auf dem starken Hals sitzt ihr das mächtige Mannshaupt mit dem dichten, zementgrauen, kurz geschnittenen Schopf. Eine Frisur wie Matlock! Dazu trägt Frau Volatti eine gewaltige Brille und in jeder Hand einen geblümten Einkaufsbeutel aus Kunststoff.«

In der Aufsatzerziehung der Grundschule lernt man noch, beim Beschreiben zu den Was-Wörtern auch Wie-Wörter zu geben, warum soll das später nicht mehr gelten? Zum einen, weil viele Adjektive überflüssig sind: »Hohe Berge ragen auf bis zum Himmel« – da weiß man doch auch so, dass sie hoch sind, niedrig könnten sie nicht aufragen. »Das maisgelbe Auto des Postboten«, na ja, meistens sind sie gelb, die Postautos. Überflüssige Erklärungen beleidigen den Leser. Muss man uns wirklich alles zweimal, dreimal sagen? Ist nicht »beinahe starr« in »blockartig« schon enthalten?

Was hinzukommt: Übergenaue Beschreibungen schöpfen Energie und Vorstellungskraft des Lesers ab. Noch einmal Philipp Tingler: »Kaum ist die Wohnungstüre hinter mir ins Schloss geklappt, falle ich, wie ein abgesägter Baum, auf einen crèmefarben lackierten Sessel, ein altmodisches, unbequemes Ding mit perlgrauem Polster, geflochtenem Rücken und schneckenförmig aufgerollten Armlehnen.« Jetzt soll man sich also dieses Ding von Sessel vorstellen. Was ist eigentlich »perlgrau«? Wie sitzt ein abgesägter Baum und so weiter? Und achtet der Ich-Erzähler wirklich auf die Ausgestaltung des Sessels, während er sich fallen lässt? Was für ein Aufwand, nur weil sich jemand hinsetzt!

Ökonomie lässt dem Leser Raum, selber zu entscheiden, was er sich vorstellt. Was schadet es denn der Geschichte, wenn der Sessel, auf den sich einer fallen lässt, so aussieht wie der Sessel, der beim Leser zu Hause steht?

Aber zu karg muss es auch nicht sein. Wenn nur die Außenmauern stehen bleiben, nur schmucklose Hauptsätze übrig bleiben, kann es unpersönlich, kalt, unfreundlich werden. Ijoma A. Mangold zum Wettbewerb 2003 in der *Süddeutschen Zeitung* (30. 6. 2003): »Man unterdrücke alle rhetorische Spielfreude, gönne sich nur das Graubrot einer kargen Parataxe, denn je abgemagerter der Hauptsatz, desto unerbittlicher hat man sich der Welt des sozialen Austausches verweigert.«

Auch der britische Autor Nick Hornby fordert in: *Mein Leben als Leser* mehr Großzügigkeit. Über das Kürzen von Texten: »Ja, genau genommen – warum bei zwanzig- oder dreißigtausend aufhören? Wieso überhaupt noch schreiben? Warum kritzelt man nicht einfach den Plot und ein paar Motive hinten auf einen Briefumschlag und belässt es dabei? … Na los, Jungschriftsteller – gönnt euch doch mal 'nen Witz oder ein Adverb! Lasst euch nicht lumpen! Den Leser stört das nicht! Habt ihr euch mal angesehen, wie dick Bücher sind, die an Flughäfen verkauft werden? Die Menschen mögen das Überflüssige. (Daher müssen die Lieblinge des Feuilletons, die Zurückschneider und die Kürzer, auch vom Kritikerlob statt von üppigen Tantiemen leben.)«

Affig sind auch erzwungene Synonyme. Zwar haben wir in der Grundschule gelernt: Wenn ich immer dieselben Wörter hinschreibe, schreibt das Fräulein ein rotes W wie Wiederholung an den Rand. Aber jetzt sind wir ja erwachsen und merken: Es ist gar nicht schlimm, wenn da zweimal Bier steht statt einmal Bier und einmal »Gerstensaft«, wenn Schnaps Schnaps heißt und nicht »Destillat« und der Angeklagte nicht zum »Mann auf der Anklagebank« wird (zumal es solche Bänke nirgendwo mehr gibt).

Im besten Fall ersetzt der Autor mit einem einzigen Begriff langwierige und -weilige Beschreibungen. Sten Nadolny, der 1980 den Bachmannpreis gewann: »Ich glaube, dass es Wörter, gut gefundene einzelne Wörter sind, die eine Sache darstellen.« So hat Alexander Langer, Open-Mike-Kandidat

2008, in seinem Text »Farzner« so einen Menschen, der seine Ernährungsgewohnheiten mit einer gewissen politischen Vehemenz verbreitet, mit »Veganernazi« aus der Sicht des Ich-Erzählers vollständig charakterisiert.

Wie die Entscheidung für das richtige Wort die ganze Aussage bestimmt, erklärt sehr anschaulich Josef Haslinger in: *Wozu brauchen wir Atlantis* am Beispiel des Fernsehers: »Sagte ich aber (statt ›Ich habe keinen Fernseher‹) ›Ich besitze kein Televisionsgerät‹, wüsste jeder, ich will sagen: So ein Massenverblödungsmittel kommt nicht in meine Nähe, ich verzichte bewusst darauf. Ich habe mit diesem sinnlos Platz verbrauchenden Wölbglasschrank, in den man nicht einmal etwas hineinstellen kann, keinerlei vertraulichen Umgang gefunden. Das, was die anderen am Abend so selbstverständlich einschalten, so routinemäßig, wie sie das Licht anknipsen, ist für mich ein fremdes technisches Konstrukt geblieben. Es vermag meiner philosophischen, philologischen und literarischen Bildung, meinem festmeterschweren buchkulturellen Horizont, meiner für alle wahrnehmbaren Lektüre ausländischer Zeitungen in Leintuchgröße nichts Substanzielles hinzuzufügen.«

Die Paralympics der schiefen Bilder und hinkenden Vergleiche

Verklausulierungen, Bilder, Metaphern und Vergleiche können zweifach scheitern: Sie können abgegriffen sein oder unpassend. Und manchmal beides. Die abgegriffenen, das sind die losgetretenen Lawinen, geplatzten Träume, aus dem

190

Boden sprießenden Pilze. Das ist Unheil, das durch Wetter angekündigt wird oder durch zerbrechende Spiegel, sind französische Filme, welche die Einsamkeit des Helden darstellen, und galoppierende Pferde, die den Durchbruch einer gezügelten Virilität ankündigen.

Beim Erfinden neuer Bilder greifen die Autoren aber auch mal daneben: »Zwischen Wolkenbruch und Sonnenuntergang klaffte der Himmel über Berlin wie der offene Bauch einer frisch geschlachteten Sau« (Thor Kunkel, *Endstufe*). Igitt. »Zwei Männer in grauen Anzügen, Sonnenbrillen mit Spiegelgläsern und lustig gemusterten Krawatten tragen eine Brotzeit vor sich her, eingewickelt in Alufolie, die in der Sonne glitzert, sodass man meinen könnte, es sind Monstranzen, die sie da mit sich führen« (Klaus Böldl, »Passau – ein Versuch«). Da fragt man sich nicht nur, ob die beiden Männer mit vereinten Kräften eine gemeinsame Brotzeit vor sich her tragen. »Das sind die Eichhörnchen, in die wo wir alle eingemauert sind«, soll der Klagenfurt-Juror Roman Rocek 1986 in einer Jurydebatte gesagt haben.

Der Autor sollte auch mit den Lesern rechnen, die sich alles bildlich vorstellen: »Ada zog den Blick aus seinem Gesicht wie ein Messer aus einem Stück Butter, legte den Kopf in den Nacken und hielt nach ziehenden Wolken Ausschau«, schreibt Juli Zeh in: *Spieltrieb*. Wenn man sich da beim Lesen nicht konzentriert, vermischen sich womöglich Messer, Auge, Gesicht und Butter zu Buñuel/Beuys'schen Kunstwerken.

PeterLicht spielt in seinem Klagenfurt-Text »Die Geschichte meiner Einschätzung am Anfang des dritten Jahrtausends« bewusst mit schiefen Bildern: »Ich möchte mal so sagen: Ich lag wie ein gestrandeter Wal auf der Seenplatte meines Minusgeldes. Aber vielleicht – kann man ja ruhig sagen – vielleicht auch eher auf dem Ozean meines Geldes von unten. Vielleicht besser: Weltmeere. Also ich lag wie ein gestrandeter Wal, aber vielleicht sollte man eher vom Ozeandampfer oder Flugzeugträger sprechen, aber warum nicht gleich Ölbohrplattform? Wobei Ölbohrplattform einen Schuss ins Beschönigende hätte. Ich würde dann vielleicht besser von einer, sagen wir mal – kost ja nix – gestrandeten Insel sprechen. Also dies wäre mein Zwischenergebnis: Ich lag wie ein gestrandeter Erdteil auf dem Weltmeer meines Minusgeldes.«

Aufgedrängte Bereicherung und kleine Geschenke

Ungern lassen wir uns beim Lesen düpieren: Der Gebrauch von seltenen Fremdwörtern, Zitate in Fremdsprachen und Bildungsbeweise zeigen, wie gebildet der Autor ist. Der Leser erfährt dabei oft, wie ungebildet er selber ist. Ilma Rakusa, die später (von 2003 bis 2007) Jurorin in Klagenfurt war, las 1981 als Kandidatin »Treffen in Reykjavik«: »… das Peristyl erinnert nur von ferne an ein Peristyl und steht im Norden von Reykjavik.« Wissen Sie, was ein Peristyl ist? Ich weiß das jetzt, nachdem ich es nachgeschlagen habe, aber dieses Peristyl scheint ja nicht mal ein richtiges zu sein. »Hoher Bildungsgehalt« wird der Geschichte später in der Presse attestiert. Weiter geht es mit »Solfataren« und »Mofetten«. Müsste ich die kennen? Offenbar irgendwas, was aus der Erde dampft, etwas Isländisches also, aber was ist

Solfatar, was Mofette? Wäre diese Unterscheidung wichtig? Freundlicher war da Hermann Burger, der in »Die Wasserfallfinsternis von Badgastein« (Bachmannpreis 1985) lateinische Zitate direkt vom Erzähler übersetzen lässt.

Praxistipp für Autoren: Vor Verwendung eines Fremdworts fünf Verwandte fragen, ob sie das Wort kennen. Wenn weniger als fünf bejahen: übersetzen.

Kleine Bildungsgeschenke dagegen erfreuen den Leser. Nur lesen wir Belletristik nicht mit dem Ziel, etwas zu lernen, da würden wir zu Sachbüchern greifen. Wir wollen auch nicht mit erhobenem Zeigefinger belehrt werden. Die Vermittlung des Lernstoffs muss also unaufdringlich und wie nebenbei geschehen. Das funktioniert nur, wenn der Stoff sich als unabdingbares Element der Geschichte tarnt.

Wenn Hermann Burger in: »Wasserfallfinsternis« eine verschollene Schubert-Symphonie zum Thema macht, fällt Musikwissen von alleine ab. »Mit C-Dur, der Czernyhottentottentonart, kam man dem ohrenbetäubend tumultuösen Wassertornado nicht bei, eigentlich bot sich nur E-Dur an, vier Kreuze, hart wie Zentralgneis.«

Besonders luxuriös ist es, wenn wir völlig nutzlose Dinge erfahren, die wir niemals selbst irgendwo nachschlagen würden. Wir freuen uns ja zu Weihnachten auch mehr über eine Büchse Kaviar als über das neue Bügeleisen, das wir zur Not selber kaufen können. Das kann zum Beispiel die Vorgänge beim Fliegenfischen (Paulus Hochgatterer, *Eine kurze Geschichte vom Fliegenfischen*), Eisstockschießen (Wolf Haas, *Auferstehung der Toten*) oder das Ziehen neuer Pflänzchen aus Avocadokernen (Charlotte Roche, *Feuchtgebiete*) betreffen.

Praxistipp für Autoren: Für losgelöste Bildungsbeweise »Zufälliger Artikel« bei Wikipedia anklicken. Ich habe das mal ausprobiert und erfuhr so viel zu spät von der Existenz der Serie »Father Ted« und lernte etwas über das »Equine Cushing Syndrom«, das die Themen »Dr. House« und »früher mal Pferdefimmel« bei mir zusammenführte. Außerdem wurde meine Erinnerung an das »Rheinhochwasser 1993« und den Film »Schießen Sie auf den Pianisten« aufgefrischt. Man sollte mehr davon in Bücher schreiben!

Anhang

Die Automatische Literaturkritik
der Riesenmaschine

Das Weblog »Riesenmaschine«, das nach ähnlichem Verfahren schon seit Jahren Filme einordnet, schuf 2008 die »Automatische Literaturkritik«. Nach vorher festgelegten Kriterien werden die Klagenfurter Wettbewerbstexte bewertet. Im ersten Jahr erhielt Tilman Rammstedt mit »Der Kaiser von China« den »Automatische Literaturkritik Preis der Riesenmaschine«, Preisträger 2009 wurde Karl-Gustav Ruch mit »Hinter der Wand«. Ruch profitierte vor allem von der richtigen Menge an »Wörtern ohne Google-Treffer«. Bei der hier abgedruckten Kriterienliste handelt es sich um einen Auszug. Die Punkte, die Videoporträt, Performance, Jurydiskussion und Textform betreffen, wurden weggelassen. Die Kriterien werden jeweils vor Beginn des nächsten Wettbewerbs nach den Erfahrungen aus den Vorjahren angepasst. Die jeweils aktuelle Fassung ist im Internet über riesenmaschine.de zugänglich. Die Kriterien stammen unter anderem von Wolfgang Herrndorf und Kathrin Passig, von Schülern der Oberstufe der Halepaghen-Schule Buxtehude und aus dem Internetforum »Wir höflichen Paparazzi«.

Pluspunkte:

(1–11 betreffen Videoporträt, Textform und Performance)

12. Supermarktkassenkompatible Reizwörter im Titel (je 1 Punkt für »Liebe«, »Leidenschaft«, »Fremde«, »Geheimnis«, »Wind«, »Schatten« etc.)

13. Fahrräder sind Fahrräder und keine Metaphern

14. Es wurde schlampig recherchiert in unwichtigen Dingen (1 Pluspunkt für jeden Fehler, den die Jury findet)

15. Protagonisten sehen fern (nicht als Kritik am Medium, sonst minus 1)

16. Hildegunst von Mythenmetz'sche Ereignisandrohung, Spannungselemente (1 Punkt pro Element)

17. Handlungsfäden bleiben offen, Angedeutetes wird nicht wieder aufgegriffen, Vorlagen werden nicht verwandelt – Punktvergabe aber nur dann, wenn es sich nicht um einen Romanauszug handelt

18. Handlung spielt in einem Radius größer 1 km

19. Unzuverlässiger Erzähler

20. Auktorialer Erzähler

21. Philanthropischer Erzähler

22. Linearer Plot

23. Science-Fiction

24. Beleidigungen anderer Autoren im Text

25. Träume, die nichts bedeuten

26. Wohlwollende Besprechung von Nahrungsmitteln (2 Punkte bei Fleisch) oder Essvorgang

27. Autor kopiert schamlos bekannte Erfolgsmodelle

28. Mord und Totschlag (Bodycount = Pluspunkte)

29. Offizierskasinobildung

30. Alles mit Krieg (Ausnahme: WK II) oder Leistungssport

31. Alison-Bechdel-Regel: 1. Zwei oder mehr Frauen, die 2. miteinander reden, und zwar 3. nicht über einen Mann

32. Vorkommen von feuchten Frotteetüchern und/oder miefigen Sporttaschen

33. Unaufdringliche sachdienliche Hinweise betreffend Gärtnerei, Autoreparatur etc. (nicht als Metapher, sonst minus 1)

34. Mindestens einseitig, besser beidseitig unhöfliche Dialoge

35. Plastische Chirurgie

36. Vorkommen von Nagetieren

37. Natur findet nicht statt

38. Wörter mit null Google-Treffern (1 Punkt pro Wort, aber ab 3 Punkten wird wieder rückwärts gezählt. Es kann ein Maximum von 3 Plus- oder Minuspunkten erreicht werden). Wortzusammensetzungen zählen nicht

39. Absichtlich unsympathischer Ich-Erzähler

40. Teichoskopie

41. Dinosaurier

42. Raumfahrt

43. Schusswaffengebrauch, 2 Punkte bei automatischen Waffen, Minuspunkt, wenn Waffe ganz knapp außer Reichweite liegt

44. Vorkommen von Stoffservietten

45. Umgangssprache

Minuspunkte:

(1–24 betreffen Videoporträt, Textform und Performance)

25. Titel im Plural (»Vulkantänze«, »Sondagen«)
26. Titel mit Satzzeichen drin (Ausnahme: Komma)
27. Titel hat mit Inhalt nicht mehr zu tun als nichts, soll aber offensichtlich eine zusätzliche Dimension einbringen, die sich jeder selbst zurechtlegen soll
28. Untertitel (Eine Suada, Fragment …), »Erzählung« und »Novelle« bleiben straffrei
29. Widmung (für Doris, Mutter etc.)
30. Erstes Wort: Adjektiv
31. Erster Absatz: Landschaft
32. Vorkommen von »ungläubig«, »gewiss«, »sogleich«, »somit«, »urplötzlich«, »nur allzu«, »im Begriff sein, etwas zu tun«, »etwas vermögen«, »scheint zu«, »in diesem Moment«, »Stillstand« (außer bei Fahrzeugen, Geräten)
33. Verwendung von Adjektiven (2 Punkte bei Personenbeschreibung), unter denen der Himmel weiß was zu visualisieren ist (vierschrötig, untersetzt etc.)
34. Unvollständiger Satzbau als Konzept
35. Zur Beschreibung etwaiger Gefühlswelten wird der Ausdruck von Augen, die Gesichtsfarbe (transparente Blässe) oder die Beschaffenheit von Händen bemüht
36. »Da kommt Franz, der, wie du weißt, dein Vater ist«
37. Dummheit oder Hysterie einer Frau sind plot-erforderlich
38. Schaffensprozess von Künstlern, außer komplett gescheiterter
39. Überlegungen des Erzählers (»Doch wie beginnen?«)/ Lord-Chandos-Zweifel

40. Handlung basiert auf Lesereise-Erlebnissen oder Aufenthaltsstipendien (in Archangelsk über Engel schreiben)

41. Protagonisten heißen Leander, Muriel, Luna, Laura, Lena,
Lea o. Ä. (Ausnahme: Kinder)

42. Protagonisten heißen Donald, Keith etc., weil der Autor
gern großer amerikanischer Gegenwartsautor wäre

43. Dialoge wie von Außerirdischen erdacht: »Aber er sagte
doch, er sei nicht dort gewesen!« – »Wie redest du mit
mir!«

44. Weiß werdende Fingerknöchel, zitternde Hände, an der
Schläfe pochende Adern, fiebriger Atem, verfärbende Ge-
sichter

45. Was man seinen Freunden nicht erzählen würde, gehört
auch nicht in den Text (»und dann bin ich Straßenbahn
gefahren, draußen zogen Häuser vorbei, und Leute«)

46. Text ist nach dem dritten Lesen immer noch unverständ-
lich

47. Es kommt Tangomusik oder irgendwas Französisches
vor (Chopin, Jean Paul, Jacques Brel oder irgendein Phi-
losoph)

48. Missglückte Wichtigtuerei (Fremdwörter falsch geschrieben oder ausgesprochen, Fremdsprachen im falschen
Zeichensatz etc.)

49. Autor gebärdet sich besonders zeitgemäß durch technischen Zierrat (Dateinamen als Überschriften, Chatpro-
tokolle, Programmcode im Text)

50. Es wurde schlampig recherchiert in wichtigen Dingen
(1 Minuspunkt für jeden Fehler, 2 Minuspunkte, wenn
ihn auch die Jury findet)

51. Themenkreis: Innenleben einer Schnecke

52. Sex als körperlicher Vorgang

53. Bildungszitat (2 Minuspunkte für Songtextzeilen)

54. Nationalsozialismus, Ostzonen-Tristesse, Folter in Chile

55. »Innovativer Text« (2 Minuspunkte, wenn dies auch die Jury erkennt)

56. Personaler Erzähler aus der Hölle (»Nichts Menschliches war ihm fremd«/»Er war nicht Stiller«)

57. Götterwelt, griechische, buddhistische oder andere (Kulanz walten lassen bei skurrilen Sekten)

58. Mädchen, die nicht viel sagen, wobei der Erzähler bemerkt, dass dieses Mädchen nie viel sagt oder im entscheidenden Moment nichts gesagt hat, wobei dieser entscheidende Moment in Berlin stattfindet und ersatzweise auch mal ein Junge nicht viel sagt, was gesondert zu vermerken ist, und das Mädchen verschwindet dann, beziehungsweise der Junge.

59. Ausführliches Warten an S-Bahn-Haltestellen oder Bahnhofsgleisen, kalt ist es auch

60. Mitbewohner und Nachbarn mit auffällig seltsamen Eigenschaften, Berufen, Tätigkeiten, Tieren

61. Beschäftigung mit der Frage, was Schein ist, was Sein/ was Traum, was Wirklichkeit

62. Unschuldige Frauen

63. Synonyme für »sagen«, Zusatz-Minuspunkt für Wendungen wie »gähnte Leander«

64. Es wird danach gefragt, wer oder was »Ich« sei

65. Vorkommen von Kindern mit Fähigkeiten (Einfühlung, Vernunft, Weisheit)

66. Weniger als vier Punkte pro Seite

67. Kontrast zwischen Stadtleben und Landleben

68. Taumeln zwischen den Erzählperspektiven aus Versehen/ Dummheit

69. Häufigstes Wort macht über fünf Prozent aller Wörter aus

70. Dialekt im Text, 2 Punkte bei inkompetent wiedergegebenem Dialekt

71. Parataxenstakkato

72. Anaphern-/Epipherngetöse

73. Leitmotiv Zaunpfahl

74. Jemand tanzt allein (2 Punkte, wenn vor dem Spiegel)

75. Basare sind farbig, Hengste feurig, Rentner gebrechlich, die Bergwelt erhaben etc.

76. Journo-Phrasen, Journo-Klischees (»endlose Zimmerfluchten«, »grassierende Inflation«)

77. Nacherzählung von Märchen, Sagen, Legenden, Filmen

78. Etwas findet »wie in Zeitlupe« statt

79. Metaphorische Verwendung von Krankheiten/Behinderungen, 2 Punkte für Autismus

80. Überlegungen zum Alterungsprozess

81. »XY war die erste Frau in meinem Leben, die …«

82. Wissen, wie jemand seinen Kaffee nimmt, als Zeichen von Vertrautheit/es nicht wissen als Zeichen von Fremdheit

83. Gescheiterter Sex

84. Transzendentale Obdachlosigkeit, Unbehaustheit des Menschen: 1 Punkt; falls unter Zuhilfenahme von Hotels erörtert: 2 Punkte

85. Explizite Erwähnung von Uhren, 2 Punkte bei tickenden oder stehen gebliebenen Uhren

86. Figuren gewinnen ein Eigenleben, zum Beispiel indem der Protagonist beim Autor klingelt

87. Probleme ließen sich durch Handy/GPS/Google lösen, Autor bleibt eine Begründung schuldig, warum Protagonisten nicht auf diese Idee kommen

88. Text erzählt nach, was dem Autor im Strandurlaub passiert ist, 2 Punkte, wenn es sich dabei um nichts handelt

89. Es wird auf jemandes Atem gehorcht, 2 Punkte, wenn es sich um ein Kind handelt

90. Bedeutungsschwere wird durch Vergewaltigung, Missbrauch, Selbstmord oder Inzest erzeugt

91. Ich ist der Autor oder wie der Autor gerne wäre

92. Flugszenen von Mensch und Tier, auch übertragen (»ich bin so glücklich, ich könnte davonfliegen«), und Flugangstbeschreibung

93. Paarbeziehungsthematik

94. Beziehungen als Lebenskatastrophe, ABER ICH KANN NICHT ANDERS ALS IHN LIEBEN

95. Eltern-Kind-Thematik, 2 Punkte für sterbende Elternteile oder Tod eines Kindes

96. Lokalkolorit aus dem Reiseführer entnommen

97. Wolf-Schneider-Punktabzug für bescheuerte Synonyme (»Destillat« für Schnaps, »Gerstensaft« für Bier, »weltweites Netz« für Internet)

98. Intransitive als transitive Verben (»es schreibt mich«)

99. Durch Markennamen (Raider/Twix, Geha/Pelikan etc.) soll »So war es«-Reflex beim Leser ausgelöst werden

100. Frauenzeitschriftenthemen (Cellulite, Liebeskummer, Friseurbesuch, Reproduktion)

101. Jour fixe (»Jeden Dienstag ...«, »Immer an meinem Geburtstag ...«)

102. Scheunentorgroße Motivationslücken werden vertuscht durch »Und weil sie nicht weiß, was sie tun soll ...«, »aus keinem besonderen Grund«, jemand »kann nicht anders« etc.

103. Eine Frau tut etwas, »wie sie es immer tut, wenn sie ...«

104. Leiden am Widerspruch von Text und Welt

105. Sex und Lebensmittel im selben Satz (»Mit der anderen Hand, die noch feucht war vom Zwiebelsaft, fasste er ihre Brust, zerrte daran, durch den glatten Stoff der Bluse hindurch, bis sie aufstöhnte«, Katharina Born, 2009)

106. Mädchenbuchstandards

107. Jemand kann »endlich weinen«, 2 Punkte, wenn »zum ersten Mal, seit«

108. Text beginnt mit »Im/Am Anfang war ...«

109. Protagonist beschäftigt sich mit seinem Schatten

110. Streunende oder in der Ferne bellende Hunde

111. Mystifizierung des Schreibens/des Schriftstellerberufs (»Schriftsteller sind fast immer die schlimmsten von allen.«)

112. Hilfschecker-Trivia (Chinesische Mauer aus dem Weltraum sichtbar, Jahrtausend fängt gar nicht Silvester 2000 an), es sei denn, zur Diffamierung des Erzählers eingesetzt

113. Psychotherapie, 2 Punkte bei Psychoanalyse

114. Vorkommen von Clowns

115. Im Kamin knackte ein Holz

116. Bedeutungshuberei durch Koinzidenzien

Literaturverzeichnis

Barnes, Julian, *Flauberts Papagei*, Zürich 1987

Bönt, Ralf, *Berliner Stille, Erzählungen*, Göttingen 2006

Burger, Hermann, *Die allmähliche Verfertigung der Idee beim Schreiben – Frankfurter Poetik-Vorlesung*, Frankfurt am Main 1986

Duve, Karin, *Keine Ahnung, Erzählungen*, Frankfurt am Main 2007

Elliesen-Kliefoth, Imke (Hrsg.), *Bergauf beschleunigen*, Zürich 2009

Frisch, Max, *Fragebogen*, Frankfurt am Main 1988

Funder, Anna, *Stasiland*, Hamburg 2004

Gelfert, Hans-Dieter, *Was ist gute Literatur?*, München 2004

Haas, Wolf, *Der Brenner und der liebe Gott*, Hamburg 2009

Haslinger, Josef, *Wozu brauchen wir Atlantis?*, Wien 1990

Henschel, Gerhard, *Das Blöken der Lämmer – Die Linke und der Kitsch*, Berlin 1994

Hornby, Nick, *Mein Leben als Leser*, Köln 2005

Johnson, Uwe/Fahlke, Eberhard (Hrsg.), *»Ich überlege mir die Geschichte« Uwe Johnson im Gespräch*, Frankfurt am Main 1988

Köhlmeier, Michael, *Spielplatz der Helden*, München 2008

Krogerus, Mikael/Tschäppeler, Roman, *Das Fragebuch*, Zürich 2009

Kunkel, Thor, *Endstufe*, Frankfurt am Main 2004

Lendle, Jo, *Mein letzter Versuch, die Welt zu retten*, München 2009

Magnusson, Kristof, *Das war ich nicht*, München 2010

Melle, Thomas, *Raumforderung*, Frankfurt am Main 2007

Nadolny, Sten, *Das Erzählen und die guten Absichten, Münchener Poetik-Vorlesungen*, München 1997/1990

Orths, Markus, *Fluchtversuche*, Frankfurt 2006

Plenzdorf, Ulrich, *kein runter kein fern*, Frankfurt am Main 1984

Ransmayr, Christoph, *Der fliegende Berg*, Frankfurt am Main 2006

Reich-Ranicki, Marcel, *Der doppelte Boden – Ein Gespräch mit Peter von Matt*, Zürich 1992

Roche, Charlotte, *Feuchtgebiete*, Köln 2008

Schmidt, Arno, *Der Platz, an dem ich schreibe – 17 Erklärungen zum Handwerk des Schriftstellers*, Zürich 1993

Schoch, Julia, *Der Körper des Salamanders*, München 2002

Schwerdtfeger, Malin, *Leichte Mädchen*, Köln 2001

Seddig, Katrin, *Runterkommen*, Berlin 2010

Setz, Clemens, *Die Frequenzen*, Salzburg 2009

Sontag, Susan, *Krankheit als Metapher & Aids und seine Metaphern*, Frankfurt am Main 1978/1988

von Arndt, Martin, *ego shooter*, Tübingen 2007

Watzlawick, Paul, *Wie wirklich ist die Wirklichkeit?*, München 1978/1996

Zitate aus Wettbewerbstexten wurden den jeweiligen Bänden der jährlichen Anthologie *Klagenfurter Texte* (München 1977 bis

2009) entnommen oder (ab 2002) dem Online-Archiv der »Tage deutschsprachiger Literatur« (http://bachmannpreis.orf.at).

Die Juryzitate stammen aus *Klagenfurter Texte* und aus den Mitschnitten der Sender ORF und 3sat von 1977 bis 2009.